HanYu GuoJi JiaoYu ShiJiao XiaDe
FangYan Yu MinSu

# 汉语国际教育视角下的
# 方言与民俗

魏　薇◎著

中国书籍出版社
China Book Press

图书在版编目（ＣＩＰ）数据

汉语国际教育视角下的方言与民俗 / 魏薇著．
－－ 北京：中国书籍出版社，2017.6
ISBN 978-7-5068-6256-1

①汉… Ⅱ．①魏… Ⅲ．①汉语方言－方言研究②风俗习惯－研究－中国 Ⅳ．① H17 ② K892

中国版本图书馆 CIP 数据核字 (2017) 第 148280 号

汉语国际教育视角下的方言与民俗
魏　薇　著

责任编辑　刘　娜
责任印刷　孙马飞　马　芝
封面设计　田新培
出版发行　中国书籍出版社
地　　址　北京市丰台区三路居路 97 号（邮编：100073）
电　　话　（010）52257143（总编室）　　　　（010）52257153（发行部）
电子邮箱　chinabp@vip.sina.com
经　　销　全国新华书店
印　　刷　北京市金星印务有限公司
开　　本　170 毫米 ×240 毫米　　　1/16
字　　数　205 千字
印　　张　14
版　　次　2017 年 7 月第 1 版　　2017 年 7 月第 1 次印刷
书　　号　ISBN 978-7-5068-6256-1
定　　价　48.80 元

中国正处于一个历史性的跨越之中。

汉语正面临一个极为重要的历史机遇。

汉语国际教育正开始承担起前所未有的历史使命；孔子学院在全球遍地开花，却也在全球引发一连串我们始料未及的质疑声浪。

这不得不引起我们的思索：孔子学院建设乃至汉语国际教育的策略本身是否存在问题？汉语国际教育的根本目的到底是什么？汉语国际教育有效的分析模型又该如何规划？

本书旨在从宏观的角度对"汉语国际教育"进行分析研究。因为汉语国际教育不仅是一个教育行为，也不仅是一个教学行为，而是一个"国际传播"行为；因此，需要以"传播"为核心概念，有效地构拟出一个宏观的分析框架，以能够真正在既充分注意到中国的后发地位和汉语的既有国际地位，又注意到世界各国对汉语国际教育的接受态度与政策的条件下，有效地把握汉语国际教育的宏观模式，为落实汉语国际教育提供实际可行的建议。

1949年香农和韦佛的传播模式认为，信息传播是一个从

"信源"到"信宿"的过程，而在传送的过程中会受到"杂音"的干扰。由此考察汉语国际教育的基本架构，海峡两岸的汉语(华语文)教育政策的制定单位以及负责单位即"传送者"；汉语言文字、中华优美文化、良好民族形象等，是我们要传送的"讯号"。透过孔子学院、台湾书院或海外侨校这些"通道"传送给全球的汉语学习者以及各国制定华语接受政策的政府单位。当然在传播过程中干扰的最大"杂音"应该会是所谓的"中国威胁论"。

因此，本书根据国际汉语教育的相关理论，如"语言经济学"、"文化外交"理论、"社会语言学"和"情感地缘政治学"等理论基础，针对"汉语国际传播的目标""汉语国际传播的主体""汉语国际传播的管道""汉语国际传播的受众"，以及用以降低杂音提升形象的"汉语国际传播的识别体系"来展开分析。

魏　薇

2016年12月

# C目录
ONTENTS

# 第二章　汉语国际教育目标的既有认识

# 第三章　汉语国际教育的根本目标的重新界定

# 第 2 篇　汉语国际教育视角下的方言

## 第四章　对外汉语教育与方言

## 第五章　对外汉语教学中的方言文化教学

# 第六章 方言中的物质文化——以《白鹿原》为例

# 第七章 对外汉语教学中方言物质文化教学的思考

# 第3篇　汉语国际教育视角下的民俗

## 第八章　对外汉语教学中的民俗文化解说

# 第1篇

## 汉语国际教育

目前汉语热不断升温，而中国的语言环境是普通话与方言共存，这就有必要对方言进行了解，因为语言与文化密不可分，作为民族共同语的地域分支，方言承载着丰富的地域文化，而地域文化又是中国传统文化的重要组成部分，特别是有着悠久历史文明的陕西关中地区。

首先，本书分析了当前方言环境下汉语学习的现状。其次，通过对文学著作《白鹿原》中的陕西关中方言中的服饰、饮食、居住、交通、日用器具等物质文化词汇的研究，总结了陕西关中方言形成的原因，反映了方言与地域文化的相互关系。最后，就如何将方言文化融入对外汉语教学文化教学做了初步的探讨。

本书的研究主要采用文献法，通过对陕西关中方言词汇的解析，总结出了陕西关中方言形成的原因：主要是受地理环境、经济形态、历史文化的影响，及方言与地域文化的相互关系，即语言反映文化，文化丰富了语言，方言是地域文化的反映，地域文化促使了方言的形成。面对中国方言众多的复杂的汉语环境，研究指出当前的对外汉语教学，应结合地域语言实际，改进文化教学模式和课程设置体系，在教材的编写、教师的培养、测试评估中都应因地制宜，创造出适合地区性的对外汉语教学模式。

方言与地域文化有着密切的联系，在一定阶段汉语学习者对方言的了解可以提高他们的跨文化交际能力，使其更好地适应当地的语言环境，从而提高他们的高级语言能力。

# 第一章 汉语国际教育的概念梳理

## 第一节 对外汉语教学、华文教学、汉语国际推广、 汉语国际传播、汉语国际教育

名不正，则言不顺；言不顺，则事不成。目前，"对外汉语教学""华文教学""汉语国际推广""汉语国际传播""汉语国际教育"等常常变文使用，或者说是概念混用，但是，它们无论内涵还是外延都具有一定差别，对此，有必要先对其进行关系的梳理。

"对外汉语教学"作为一个学科名称一直饱受争议，它的内涵也经历了比较大的变化。这个称谓刚出现的时候指的是"对外国人进行的汉语教学"，不管在国内还是在国外，只要是将汉语作为第二语言教学都可以称为"对外汉语教学"，因此也有人建议把这个学科更名为"汉语作为第二语言的教学"或者"汉语作为外语的教学"。今天我们用"对外汉语教学"来指称"对来华留学生进行汉语教学"，这样就把这个名称狭义化了；与此相对的，我们用"汉语国际教育"来指称"在海外进行的汉语教学"，最近也开始有人用这个名称指称"在海外进行的汉语和中国文化教育"，甚至有人提出用"汉语国际教育"来涵盖对来华留学生进行的汉语教学和在海外进行的汉语文化教学，这无疑又把这个名称广义化了。定名问题非常重要，名不正则言不顺，但是名称问题遵循的是约定俗成的原则。今天我们通常用"对外汉语教学"来指称"在国内对来华留学生进行的汉语教学"，用"汉语国际教育"指称"在海外把汉语作为外语"的教学。这样区分可以避免很多夹缠。本书要讨论的问题包括对外汉语

教学和汉语国际教育两个方面。

## 一、中国对外汉语教学事业的发展

中国的对外汉语教学事业起步于20世纪50年代初。1949年新中国成立，百废待兴，百业待举。1950年6月，周恩来总理亲自召开会议，决定与捷克斯洛伐克、波兰、罗马尼亚、匈牙利、保加利亚、朝鲜等国各交换5名留学生。1950年7月，中国政府在清华大学专门成立了东欧交换生中国语文专修班，周培源先生为第一任班主任。该班1951年初正式开始上课，第一年只有33名留学生，6名教师。这是新中国成立以后的第一个专门从事对来华留学生进行汉语教学的机构，该机构1952年院系调整并入北京大学，改名为北京大学外国留学生中国语文专修班。1953年9月，为了就近培养越南留学生，中国政府在广西桂林开办了越南留学生中国语文专修班，当年共接收越南留学生257名，该班1954年改名为桂林中国语文专修学校，同时接受了一批朝鲜留学生，1957年停办。（吕必松，1990）为了接收非洲留学生，1960年9月，北京外国语学院成立了非洲留学生办公室，接收非洲留学生约200人。1962年，北京大学的东欧中国语文专修班与北京外国语大学的非洲留学生办公室合并，再加上出国留学预备部，专门成立了外国留学生高等预备学校，1964年经国务院批准更名为北京语言学院，这就是今天北京语言大学的前身，也是中国政府建立的唯一一所以来华留学生语言教育为主要任务的高等学府。囿于当时的国内和国际环境，学生来源主要是亚洲、非洲、东欧一些友好国家，学生人数很有限，来华留学生教育事业发展缓慢。"文革"期间"学制要改革，教育要革命"，留学生教育也搞开门办学，走与工农相结合的道路，来华留学生教育事业走入低谷。从1950年到1978年，全国各高校累计接收培养的外国留学生仅有12800名，他们几乎全部是由我国政府提供奖学金的。

1978年12月8日，中国共产党第十一届中央委员会第三次会议在北京举行。这次会议拉开了中国改革开放的序幕，中国从此进入了一个全新的发展时期。

受惠于改革开放的政策，来华留学生教育工作也进入了恢复和上升期。这个时期有两个重要标志：一是来华留学生的生源地扩展到西方工业化发达国家；二是在政策上许可一些有资格接受政府奖学金留学生的高校招收自费来华留学生，从此自费留学生开始进入中国的高等院校。1979年全国自费留学生数量为300余名，1989年已经发展到了2500名，增加了7倍多。从1978年到1989年，全国共接受和培养了40221名留学生，其中政府奖学金生13699名，自费留学生26522名。1990年到2000年，全国共接受和培养了310000多名留学生，其中政府奖学金生18360名，自费留学生292000多名。但是这一时期的来华留学生无论从规模上还是从层次上来看，都还处于一个比较低的发展水平，自费留学生的来源国主要是日本、美国、德国、英国、法国等20多个发达国家。

从1990年起到现在，随着中国进一步深化改革，扩大开放，来华留学生教育事业也迎来了空前的大发展。这期间，最显著的标志就是来华留学生的数量快速增长，学习者的层次稳步提高，学习目的和学习形式也日趋多样化。最近几年随着中国国际地位的提升，国际上希望了解中国、与中国进行经济贸易以及社会文化、教育学术交流的人越来越多，来华留学生人数猛增（见图1-1）。除了2003年由于受到"非典"影响来华留学生数量有所减少外，其他年份来华留学生人数逐年创新高：2004年达到11万人；2005年超过14万人；2006年突破16万人；2007年超过19万人；2008年突破20万人；2009年突破22万人。2001年到2008年期间，来华留学生人数年均增长率超过20%。仅2008年当年在华学习的各类留学人员就达到223500人，其中政府奖学金生14000人，自费生209500人，接受留学生的学校已经达到592所。留学生来源国也增加到180多个国家和地区。学习者的层次由语言预备教育延伸到本科、硕士和博士各个层次的学历教育，学科分布由语言类、中医类、农学类等少数学科扩展到文、史、哲、政、经、法、理、工、农、医等各个门类。

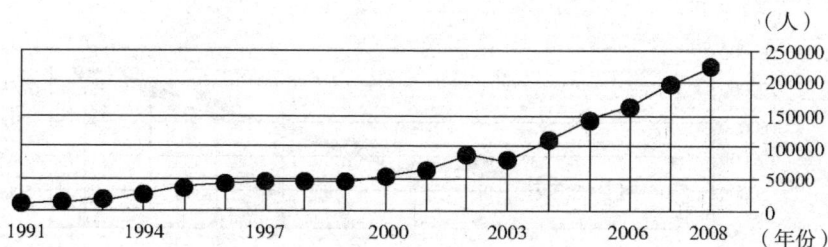

图1-1 近年来来华留学生数量增长曲线

对外汉语教学事业的成就和影响越来越凸显。目前，来华留学毕业生已经遍布世界各地，他们为中外友好交流事业做出的贡献是不可替代的。以北京语言大学为例，截至2009年，已经为170多个国家和地区培养了10多万人才，其中有2人已经成为该国国家领导人，还有很多人担任该国政府高级官员，有17位成为驻华大使，40多人成为高级外交官。当然还有很多人在大学任教，教授中国语言和文化，或者成为研究中国问题的专家，为本国政府的经济政策和外交政策出谋划策。也有很多人投身商海，开办企业，从事与中国有关的经济贸易、文化交流事业。这些人很显然已经成为沟通中国和世界各国的重要桥梁。

纵观对外汉语教学事业60年来的发展，我们可以看到一些有趣的发展趋势：

第一，留学生的成分发生了变化，留学生的主体由1978年以前的政府奖学金生为主变为以自费生为主。尽管最近几年中国政府增加了奖学金的额度，奖学金生的比例有所提高，但是从2000年到2008年的数据可以看出，自费生在数量上仍远远多于奖学金生（见表1-1、图1-2）。

表1-1 1999—2008年来华留学生奖学金生和自费生数量

| 年份 | 1999 | 2000 | 2001 | 2002 | 2003 | 2004 | 2005 | 2006 | 2007 | 2008 |
|------|------|------|------|------|------|------|------|------|------|------|
| 人数 | 44711 | 52150 | 61869 | 85829 | 77715 | 110844 | 141087 | 162695 | 195504 | 223499 |
| 奖学金生 | 5211 | 3574 | 5840 | 6074 | 6153 | 6715 | 7218 | 8484 | 10151 | 13516 |
| 自费生 | 39500 | 46788 | 56029 | 79755 | 71562 | 104129 | 133869 | 154211 | 185353 | 209983 |

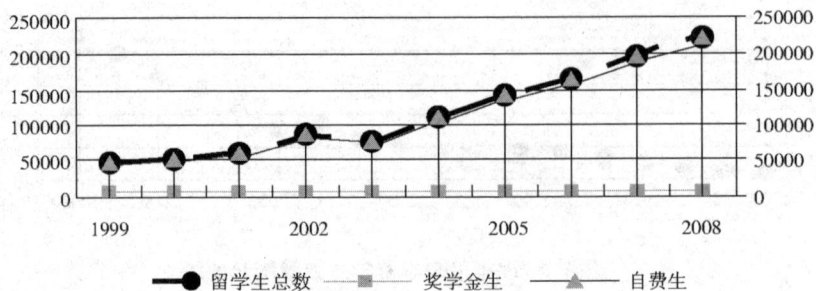

**图1-2 来华留学奖学金生和自费生增长态势**

第二，留学生的生源结构发生了根本变化，由非洲、东欧少数几个国家为主到世界180多个国家和地区，其中韩国、日本、越南、泰国、印度尼西亚、俄罗斯、印度、巴基斯坦、哈萨克斯坦、蒙古、尼泊尔、马来西亚、新加坡、菲律宾和吉尔吉斯斯坦等周边国家来华留学生数量增长最快，美国、法国、德国、英国、加拿大、意大利和澳大利亚来华留学生人数增加也很快（见图1-3）。这些国家的自费生数量已经占全部自费生的90%以上。例如2008年来华留学生人数超过4 000人的国家就有13个：韩国（66806人），美国（19914人），日本（16733人），越南（10396人），俄罗斯（8939人），泰国（8476人），印度（8145人），印度尼西亚（7084人），哈萨克斯坦（5666人），巴基斯坦（5199人），法国（5059人），蒙古（4774人），德国（4417人）。

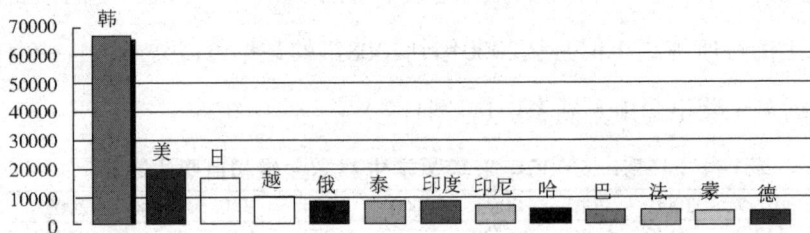

**图1-3 来华留学生数量最多的国家**

第三，对外汉语教学的教育层次和教育体系也发生了变化，由语言预科教育为主发展出完整的学历教育体系和非学历教育体系，其中学历教育包括研究生、本科生和专科生，非学历教育包括短期生和进修生（他们大部分是语言生）。从1990年到2008年，短期生、进修生和学历生的增长曲线不是完全同步的（见表1-2、图1-4）。

表1-2　1999—2008年来华留学生非学历生与学历生数量

| 年份 | 1999 | 2000 | 2001 | 2002 | 2003 | 2004 | 2005 | 2006 | 2007 | 2008 |
|------|------|------|------|------|------|------|------|------|------|------|
| 非学历生 | 32653 | 37821 | 44683 | 64050 | 52285 | 78455 | 95288 | 106839 | 126273 | 127290 |
| 学历生 | 11479 | 13703 | 16650 | 21055 | 24616 | 31166 | 44851 | 54849 | 68213 | 68213 |

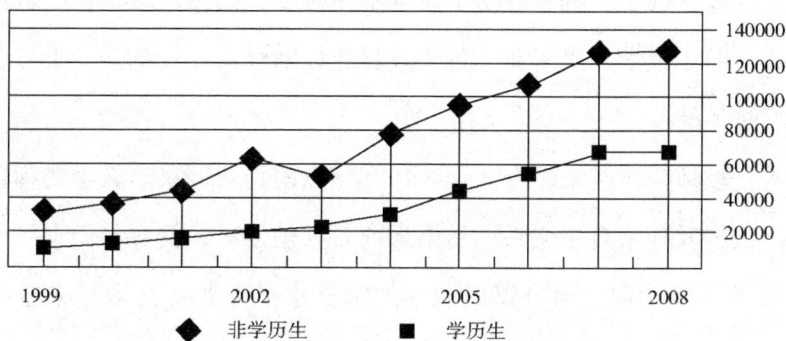

图1-4　来华留学非学历生和学历生增长曲线

从上面的统计可以看出，来华留学生的学历生在数量上远远低于非学历生。非学历生包括短期生和进修生，他们是对外汉语教学的主要对象。

第四，在学历生中，研究生的数量在增长，但是研究生在来华留学生中所占的比例有不断下降的趋势（见图1-5、图1-6）。

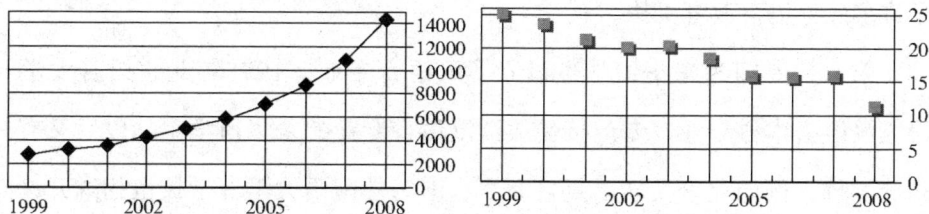

图1-5　来华留学研究生数量增长曲线　图1-6　来华留学研究生百分比下降曲线

第五，对外汉语教学的理念和方法发生了很大的变化。最近十几年，许多人已经认识到对外汉语教学是一门科学，我们要研究教什么（本体）、怎么教（方法）、怎么学（认知）和用什么方式教学（工具和手段）的问题。由于教学对象的多样化，教学类别和教学方法也出现多样化的趋势，除了传统的分技能教学（听说读写译）外，个别教学、小班教学、专题教学（如语音教学、汉字教学）、特殊类型教学（如只教听说、汉语拼音教学）等学习需求越来越多。教学方法也从直接法、翻译法发展为沉浸法、交际法、功能法、听说法、任务法，等等。教学工具和教学手段也不断进步，已经从教学挂图时代进入多媒体时代。网络教学方兴未艾，各类教材和教辅材料花样翻新，学习者的选择余地比以前多得多。

第六，教师队伍越来越专业化。1978年以前，对外汉语教学的师资力量比较匮乏，很多教师来自中文系、外语系或者其他学科，受过专门训练的对外汉语教师数量不多。现在对外汉语教学的师资水平专业化程度越来越高，有很多青年教师取得了汉语第二语言教学的专业学位，他们已经成为对外汉语教学的骨干力量。

第七，教学机构分布越来越广。新中国成立之初，由于留学生数量有限，承担对外汉语教学任务的院校主要分布在中心城市。1962年全国有53所高等学校接受留学生，1966年发展为128所，现在全国有将近600所高等学校在招收留学生；除了高等学校外，一些大中城市的中小学也开展对外汉语教学，还出现了许多民办语言教育机构。

第八，专门为来华留学生设立了汉语言专业。1978年北京语言大学开始设立汉语言本科专业，专门接受攻读汉语言专业的来华留学生。以后又有一些高等学校，例如北京大学、复旦大学、上海外国语大学等学校也相继开设汉语言专业，来华攻读汉语言专业本科学位的留学生数量不断增加，2000年有3856人，到2007年增加到12638人。

第九，海内外合作办学、联合培养项目也开始出现。例如北京语言大学曼谷学院就是第一家设在海外的中外合作办学联合培养本科生和硕士研究生的教学机构。除此之外，还有很多一加三项目、二加二项目正在进行当中。很多学校都派出中文教师去海外任教，仅北京语言大学每年就有80多名对外汉语教师在海外合作院校从事教学科研活动。

二、汉语国际教育事业的发展

随着中国社会经济的不断发展进步，世界上越来越多的国家开始把关注的目光投向中国。因应对外汉语教学发展的新形势，国家成立了由多个部委共同参与的对外汉语教学领导小组，统一协调领导全国的对外汉语教学工作。对外汉语教学领导小组办公室（国家汉办）开始的时候设在北京语言大学，后来由于工作面不断扩大而独立出去，现在汉办（Hanban）在海外已经成为知名品牌。尤其是2007年成立了孔子学院总部，海外希望建立孔子学院的教育机构趋之若鹜。截至2009年10月，全球已建立282所孔子学院和241个孔子课堂，共计523所，分布在87个国家（地区）。孔子学院设在85国共282所，其中，亚洲28国70所，非洲15国21所，欧洲29国94所，美洲11国87所，大洋洲2国10所。孔子课堂设在25国（缅甸、马里、巴哈马只有孔子学院课堂，没有孔子学院）共241个，其中，亚洲10国27个，非洲2国2个，欧洲7国34个，美洲5国176个，大洋洲1国2个。国家汉办于2005年7月组织了第一届世界汉语大会，2006年7月组织了首届孔子学院大会，邀请海外大学校长参加。此外，还组织海外中小学校长夏令营，进行教师培训，派遣志愿者去海外任教，组织编写教材，研究教学法，举办汉语桥比赛，设立汉语桥基金，设立孔子学院奖学金，开发新的汉语考试，开展网络教学，等等。最重要的是，所有这些活动都得到了国家财政的大力支持。伴随着孔子学院的遍地开花，海外学习汉语的人数也在增加，据有关部门透露，目前海外孔子学院和孔子课堂注册学生人数已经有22万人。孔子学院的教学因地制宜，没有统一的教学模式，真正是有教无类，在孔子学院学习的人有小学生、中学生、大学生、家庭妇女、政府工作人员、公司职员、大学教授，教学方式灵活多样，不拘一格。孔子学院走进社区，组织中国文化周活动，把语言教学与文化推介结合起来。

汉语国际推广作为国家大外交战略的一个组成部分，提出的发展目标是实现六大转变：一是从对外汉语教学向全方位汉语国际推广转变；二是从"请进来"学汉语向同时加大汉语"走出去"力度转变；三是从专业汉语教学向大众化、普及型、应用型教学转变；四是从主要靠教育系统推广向系统内外共同推广转变；五是从政府行政主导为主向政府推动、加强市场运作转变；六是从纸质教材面授为主向发展多媒体网络等多样化教学转变。随着形势的变化，国家也在不断地调整战略，但是"走出去"的战略始终没有变。

从对外汉语教学到汉语国际教育，这是一种非常大的改变。在"走出去"的同时，我们也在做固本强基的工作，国内的对外汉语教学事业也在不断发展。应该说，对外汉语教学与汉语国际教育是一个有机整体，我们希望汉语国际教育的发展能够促进对外汉语教学事业的发展。

三、对外汉语教学与汉语国际教育事业发展的动因

对外汉语教学事业的飞速发展得益于中国的改革开放政策。从1978年到2010年，世界政治格局发生了巨大的变化，中国开始快速走向世界舞台的中央。中国的快速崛起和跨越式发展吸引了全球的关注，同时也吸引了世界上很多投资者，他们与中国的经济往来越来越频繁。因此了解中国、了解中国人、了解中国社会和中国文化成为他们必需的功课，学习汉语是他们必然的选择。改革开放以来的短短30多年间，对外汉语教学和汉语国际教育事业取得令人惊叹的成绩，总结起来有以下几方面的动因。

（一）国际政治格局的变革重新确立中国在国际大家庭中的地位

苏东解体以后，世界上出现了单极化的趋势，单边主义盛行。"9·11"改变了美国，也改变了世界。伊拉克战争和阿富汗战争消耗了美国的国力，也使得美国的国际影响力下降。进入新世纪以后，新的世界格局处在变革之中，尤

其是全球经济危机加快了这种变革，中国在这场经济危机中的表现赢得了更多的关注，世界多极化趋势正在加速发展，中美两个大国的合作与角力成为人们热议的话题，中国在国际舞台上发挥越来越重要的作用。在这样的大背景下，尽管一些国家不愿意看到中国的强大，但是它们仍然不能忽视中国的政治影响力和国际号召力。随着我国国际地位不断提高，在国际事务中发挥越来越重要的作用，许多重大国际问题的解决越来越离不开中国的参与。中国已成为维护世界和平与稳定的重要力量，在当今世界树立了一个负责任大国的形象。我国采取的独立自主、和平发展的外交方针，使我们的朋友越来越多。在这样一个大的时代背景下，越来越多的外国人渴望了解中国，与中国人交往，中国未来的前景对他们产生了极大的吸引力，因此他们纷纷来到中国一探究竟。中国的发展模式与西方不同，世界上已经开始有人呼吁重新评价中国模式，中国的成功激起了越来越多的好奇者来到中国，学习中文，了解中国文化。

（二）中国经济快速发展在世人看来是一个奇迹

改革开放30多年来，我国政治稳定，经济高速增长，综合国力不断提升。目前我国经济总量已经居于世界第三位；2009年中国成为世界第一大贸易出口国、第三大进口国；外汇储备超过23991亿美元，居世界第一位。没有人能够拒绝中国这个大市场的诱惑。很多汉语学习者是希望能够在与中国的经贸往来中获得语言优势。2000年以后，财经类的本科留学生数量增长很快，从2000年的930人增加到2008年的11335人。从图1-7中可以看出2001—2008年财经类本科留学生的发展轨迹。

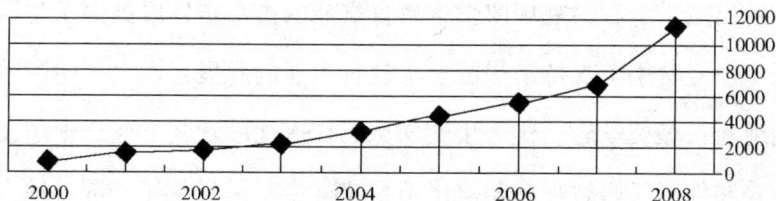

图1-7 来华留学财经类本科生数量增长曲线

（三）几代领导人都对来华留学生事业的发展十分关心

新中国成立伊始，周恩来总理亲自主持召开会议，研究东欧社会主义国家与我国交换留学生问题，这次会议的召开，在新中国来华留学教育发展史上具有里程碑意义。1974年9月，毛泽东主席亲笔为刚刚复校的"北京语言学院"题写了校名。2002年，在北京语言大学建校40周年之际，江泽民同志发来贺信，指出："你们积极进取，不懈努力，为推广汉语和中华文化，为发展我国的教育事业，为增进中国人民与世界各国人民的友谊，做出了重要成绩。希望你们继续锐意进取，突出特色，发挥优势，更进一步，努力为我国社会主义现代化建设和世界的和平与发展，做出新的贡献。"李鹏同志亲笔题词"发展对外汉语教育，传播中华优秀文化"。这充分说明了党和国家对来华留学工作和对外汉语教育事业的重视。胡锦涛同志和温家宝同志对汉语国际教育事业也非常关心，在汉语走向世界的战略问题上他们都有明确的批示。

（四）我国教育管理体制的改革开放保障了对外汉语教学和汉语国际教育事业的发展

为了满足外国人来华学习的愿望，规范和促进来华留学生教育事业的发展，我国采取了稳定和积极鼓励的政策，有关部门出台了许多新的法律和管理制度。1989年中国政府将接受来华留学生高等学校的审批权下放给各个省、自治区和直辖市的教育主管部门，来华留学生的数量由高等学校自主决定，不再由国家下达计划招生指标。1999年1月1日起实行的《中华人民共和国高等教育法》规定了高等学校的法人地位和办学自主权，为高校的来华留学生教育提供了法律上的保障，为我国来华留学生教育事业的进一步发展提供了契机。国家财政投入专项经费用于支持来华留学生教育事业的发展，设立了中国政府奖学金、中国政府长城奖学金、优秀生奖学金、HSK优胜者奖学金、中华文化研究项目奖学金和外国汉语教师短期研修项目奖学金。最近几年，部分地方政府也纷纷设立地方政府奖学金（如北京市政府奖学金、上海市政府奖学金）鼓励来华留学。为加强来华留学生教育工作的法制化管理，规范和简化外国留学生来华申请手续，促进来华留学生教育事业的健康发展，教育部先后颁布了《中小学接受外国学生管理暂行办法》和《高等学校接受外国学生管理规定》，从管理体制、外国留学生的类别、招生和录取、奖学金制度、教学管理、校内管理、社会管理、出入境和居留手续等方面进一步明确了对来华留学生教育和管理的具体操作细则。2003年，我国在制定《2007年教育振兴行动计划》前后，不仅对来华留学生事业的重要性有了更加深刻的认识，认为"来华留学事业是我国对外交流的一项重要内容，是我国建设世界一流大学的重要工作内容之一，是我国教育领域国际交流与合作的最重要组成部分"，而且教育部确立了"扩大规模、提高层次、保证质量、规范管理"的来华留学工作思路，并增加了来华留学奖学金生名额。

（五）对外汉语教学环境的改善吸引了更多的人士来华留学

在国家和各级各类教育机构的不断努力下，我国的对外汉语教学事业日臻成熟。对外汉语师资的培养成为最迫切的任务，除了传统的对外汉语方向的本科、硕士和博士培养体系外，国家还通过实施"国际汉语教师志愿者"计划和设立"汉语国际教育硕士"专业学位的方式大量培养对外汉语教学师资。对外汉语教材研发也进入了一个新的发展阶段，不断推出各类汉语教材和辅导用书。有关高校为了能够吸引更多的留学生来本校学习，纷纷开设双语教学课程和根据特定留学生群体所开发的课程，推出了一批深受留学生喜爱的课程。与此同时，留学生管理工作也越来越受到教育主管部门和学校的重视，形成了一支热爱本职工作、精通业务、懂管理、会外语的来华留学生管理队伍。当然硬件设施的改善也是非常重要的。

（六）东方文化的吸引力在不断增强

尽管西方的基督教文明依然占据着强势地位，但是由于东方文明的崛起代表着文明多样性发展的方向，不同文化之间的接触和交流日益频繁，加之中华文明历史悠久，底蕴深厚，具有独特的魅力，越来越多地受到各国的关注，因此带动了世界各地学习汉语的人数的急速增长，来华学习汉语、了解中华文化成为很多有为青年的梦想。

四、对外汉语教学与汉语国际教育事业发展展望

随着中国改革开放的进一步深化，中国的经济持续高速增长，中国的国际影响力不断提高，中国在世界上的朋友不断增多，越来越多的外国人将来到中国学习，来华留学生的教育事业将有一个较长的高速发展期。

在对外汉语教学稳步发展的同时，汉语国际教育会有一个较大的飞跃发展。在未来的一段时间里，孔子学院的建设任务将会主要集中在内涵建设上，提高质量，提升水平，扩大学生规模，编辑出版针对海外学习者的、针对不同母语背景的、适合于个性化教学的教材，尤其是语言与文化相结合的教材、趣味性和科学性结合得好的教材会受到欢迎。孔子学院的教学组织和管理将越来越规范，孔子学院的影响力会越来越大。

国家会加大政府奖学金的投入，吸引更多的来华留学生，尤其是高层次的研究生和本科生。国内各高校之间的竞争也会日益激烈，教学质量、宣传技巧、服务水平、学校声誉都会成为竞争的重要指标。国内各个高校为了争取优质生源，在师资配备、管理制度、海外推介、国际合作与交流等各个方面一定会不遗余力地予以推动。

对外汉语教学的顶层设计会更加精细化，除了分课型教学之外，个性化教学会越来越受欢迎，来华留学生在学习汉语的同时会选择一些应用型专业，比如商贸汉语、中医汉语、同声传译，等等，社会科学、人文科学、艺术、理工、教育、体育、农科都会成为来华留学生的选择。当然，经济贸易类的学科在未来几年还会不断升温。用外语开设的课程需求强劲，比如用外语讲授中国文化、中国经济、中国历史、中国政治、中国社会、文化比较等课程会受到留学生的欢迎。

对外汉语教学和汉语国际教育会形成联动的局面。对外汉语教学的发展可以为汉语国际教育提供经验，汉语国际教育的拓展可以为对外汉语教学提供生源。汉语国际教育不会取代对外汉语教学，二者会形成良性互动的局面，相互促进，共同发展。

教师、教材、教学法这三个问题仍然是对外汉语教学和汉语国际教育的基本问题，在这三个基本问题中，教师的问题是核心。（崔希亮，2010）

对外汉语教学与汉语国际教育的基础研究和应用研究会有很大的发展空间。汉语要素教学研究（比如语音教学、语法教学、词汇教学、汉字教学、语篇教学等）仍然是重要的研究课题。此外，对学习者的研究应该受到更多的重视，学习者学习过程、认知规律、学习动机、学习成绩、学习环境的影响等问题会成为应用研究的突破口。教材研究、教学法研究会借鉴英语作为第二语言教学的成功经验，同时注重汉语的特色，形成具有汉语特色的第二语言教学法和与之相匹配的教材。

教育教学理念的变化在未来的一段时间里会对对外汉语教学和汉语国际教育产生深刻的影响。从教学理念上来看，单纯的语言教育已经不能适应时代的需要，语言加文化式的博雅教育会成为对外汉语教学和汉语国际教育的主要模式。"博雅"的拉丁文原意是"适合自由人"，这种教育并非中国独有的理念，古希腊文化中也倡导博雅教育（Liberal Education），旨在培养具有广博知识和优雅气质的人。中国文化同样崇尚"博雅君子"，"博"指博学通文，"雅"指雅正高尚，都是旨在培养具有广博知识和优雅气质的人，以摆脱庸俗，追求高尚。在对外汉语教学和汉语国际教育的目标中，博雅教育应该提上议事日程。

对外汉语教学立足于"请进来"，汉语国际教育立足于"走出去"，这两条战线同时推进，相得益彰。"请进来"可以让来华留学生亲身感受中国的巨大变化，体验中国文化的伟大魅力，让他们在汉语环境中成长；"走出去"可以让更多的人接触汉语和中国文化，让希望学习汉语又无法到中国来的人就近学习。我们要培养知华友华人士，培养精通中国文化的博雅君子，更要培养在国际舞台上有发言权的中国通。语言是人与人之间的交际工具，也是不同文化之间相互沟通的桥梁。要想让汉语真正走向世界，我们自己首先要走向世界；要想让世界走进中国，我们必须保持开放包容的态度，敞开胸怀，欢迎每一个希望到中国一探堂奥的客人。

## 第二节　相关概念的词汇学语义分析

"对外汉语教学"与"华文教学"的中心词是"教学"。"教学"的意义在汉语国际教育界是相当明确的，而其限定性成分"对外汉语""华文"在不同的语境中并不相同：在大陆，当"对外汉语"与"华文"对举使用的时候，"对外汉语"通常指的是"面向外国人的汉语"，"华文"则指"面向海外的华人华侨的汉语"；而当"对外汉语"单独使用的时候，"对外汉语"则成为包括"华文"的一个概念。在中国台湾，所谓的"华文（华语文）"就相当于大陆的"对外汉语"。

特别需要辨析的是"汉语国际推广""汉语国际传播"与"汉语国际教育"之间的关系，而这一关系的辨析，迄今尚未得到有效的清理。"汉语国际推广""汉语国际传播""汉语国际教育"的限定性成分都是"汉语国际"，很明确，都是"面向国际的汉语"，区别则是其中心词"推广""传播""教育"。在《现代汉语词典》中，所谓"推广""传播""教育"分别是这样定义的：

[推广]扩大事物的使用范围或起作用的范围，如推广普通话、推广先进经验。

[传播]广泛散布，如传播花粉、传播消息、传播先进经验。

[教育]培养新生一代准备从事社会生活的整个过程，主要是指学校对儿童、少年、青年进行培养的过程。用道理说服人使照着（规则、指示或要求等）做，如说服教育。

就此而言，"推广""传播"似乎没有多少分别，其过程应该可以大体包括"教育"，"教育"则似乎更强调这种"推广""传播"对于他人"进行培养的过程"。

在对外汉语教学中，词语教学是非常重要的一项，虽然对词汇教学的方法已有较多的研究成果，但是，这些研究多是关于词义释义的方法，比如李泉（1991）总结出解释词语的一些原则和方法，黄振英（1994）也曾提出过7种解释词语的方法。而词义辨析的研究相比之下则显得薄弱，因此，对外汉语的词义辨析有必要在借鉴汉语词汇本体研究的基础上结合本学科的特点总结出一些新的东西，本书将要探讨词义辨析的对象和范围、词义辨析的原则等问题，希望对对外汉语教学的词义辨析能够有进一步的思考和认识。

## 一、词义辨析的对象

词义辨析是指辨析那些有种种细微差别的近义词。对于确定近义词组的标准，学术界有过多次讨论，提出了若干确定的标准，第一种是词类说，第二种是概念说，认为近义词所表示的是概念上的"同一关系"，不是"从属关系"。第三种是词汇系统说，认为近义词的研究应限制在一种语言的现代共同语之中，不应该超越一种语言的词汇系统。

### （一）辨析对象范围扩大的主张

汉语词汇本体研究对近义词的确定和区分标准是很严格的。把汉语学术界区分近义词的标准运用到对外汉语教学中是不是可行呢？这个问题不明确就会使对外汉语教学的词义辨析失去标准，从而不能确定词义辨析的对象。

### （二）确定辨析对象的基准

一般来说，不管是研究近义词还是编近义词词典，都是由研究者、编写者按照一定的标准筛选近义词，研究者和编写者都有主动性。在对外汉语教学中，情况却不是这样，对于需要辨析的词语，只有极少部分是由教师根据授课内容提出来的，而更多的词语是由留学生提出来的，这些词语不管是不是近义词，留学生觉得混淆了、区分不开，他们就认为是近义词而要求教师辨析词义。有很多词，汉语教师不会觉得有辨析的必要，可是，当教师指出学生用错了时，学生自然会问"为什么"，教师就得给学生进行辨析。这说明对外汉语教学中近义词的范围比词汇学研究的近义词范围和以汉语为母语的中国人认定的近义词范围要大得多，以往很多被汉语本体研究拒之门外的词对或词群都可以进入词义辨析。因为对词语辨与不辨都是以学生的要求为基准的，由学生"下达任务"，汉语教师只能"被动应战"。近年来有学者提出易混淆词这个概念，易混淆词和近义词有相当数量是交叉的，我们这里不想对此分析，只是想说明，易混淆词也需要辨析，易混淆词的收集也都完全是从留学生的汉语中介语中获得的。（张博，2008）

二、影响留学生词语理解的诱发因素

（一）汉语词形诱发的趋同性

词形指的是词语构词成分的异同，词形对留学生认知词语有很强的牵引作用，如果两个词有相同的构词成分，往往会使留学生在认知这两个词时产生趋同的理解。

（二）具有相同形旁的单音节词

汉语形声字的形旁具有表义的作用，汉语的字也常常有词的资格，这样，形旁相同的词往往有意义上的联系。例如看到"眺"这个词，留学生从形旁"目"知道"眺"的词义与眼睛有关，表示"看"的意思，常常会想到其他带有"目"的词语，如"瞄、盯、睹、瞅、瞪"等。

（三）具有一个相同词素的词语

李绍林（2007）统计了《汉语水平词汇与汉字等级大纲》甲级词中单音节

词构成双音节词的能力，统计结果是每个单音节词可以平均构成70.4个双音节词。这就意味着，一个单音节词作为词素可以平均在70个双音节词语中出现。也就是说，大约在70个词里有同样的词素，其中必有很多是近义词。这又可以分为两种情况。

1.词素在双音节词中

例如，以"让"做同一词素的双音节词有"出让、辞让、当仁不让、割让、互让、尽让、就让、宽让、礼让、谦让、忍让、禅让、推让、退让、揖让、转让"16个词，依我们看"辞让、互让、尽让、宽让、礼让、谦让、忍让、推让、退让"9个是近义的。再如以"慢"做同一词素的双音节词有"傲慢、怠慢、高慢、缓慢、简慢、骄慢、快慢、且慢、轻慢、侮慢、袭慢"11个词，这些词除了"缓慢、快慢、且慢"以外，其余8个都是近义词。我们从"让"组词中找出了9个近义词，就已经不少了，由于留学生辨别能力差，又会受到词语中共同词素的强烈影响，他们认定的近义词数量一定会比我们更多。

2.词素在单、双音节词中

例如，"安—安装""报—报告""到—到达""看—看见"等。尤其是双音节词中的偏义复合词，其中的一个词素表义功能虚化，成了不表义的陪衬，由另一个词素表达全部或者主要词义。而另一个以这个表义词素构成的单音节词就和这个双音节词形成近义关系，如"国—国家""窗—窗户""河—河流""忘—忘记"等。

3.词素相同顺序不同的双音节词

两个双音节词是由相同的两个实词素构成的，只是两个词素的前后顺序相反，成为一组同素异序词，这种词被称为同素词。因为这两个双音节词所含词素完全相同，所以这两个词在语义上很容易存在近义关系，成为近义词。例如"演讲—讲演""合适—适合""来往—往来""歌颂—颂歌""样式—式样"等。

上面举出的几种词形有关联的词语很容易被留学生认作近义词，留学生在学习新词的词义和用法时，经常会想到和这个词词形近似的其他词语而产生对这些词语认识上的趋同，因为词形对他们认知和理解词语的影响和牵引作用太大了。例如，教师教"尽管"时，学生更容易想到"不管"，而不是"虽然"；教"保险"时，想到"保证"，而不是"安全"；教"省得"时，想到"免得"，而不是"以免"；教"足有"时，想到"足够"，而不是"至少"；教"即便"时，想到"即使"，而不是"就是"。

三、汉语词义诱发的联想性

词语教学，无论是教师还是留学生都把词义作为重中之重。尤其是实词的教学，首先就要接触词义，在学习汉语的入门阶段，留学生掌握的词语很少，一般只知道表达某个语义的一个词（为了论述方便，用A代表这个语义，用B代表这个词），不会发生近义词辨析的问题。随着学习的深入，在学到新词C时，如果C词表示的语义和语义A相同或近似，留学生就很容易联想到词语B，他就很想辨析这个C和B的区别。

词义辨析应浅显明白易懂，符合留学生的汉语水平。

在分析对外汉语教材时，经常用的一个术语就是"超纲词"，意思是编写教材时，课文的生词最好要在教学大纲规定的范围之内，如果某个生词在大纲里没被列入就是超纲词。超纲词越多说明课文的难度越大，越不适合特定的教学对象。

其实，在对外汉语教学中，不仅是课文的生词，其他各个方面都不应该出现过多的超纲词。比如，教学对象是二年级的学生，那么，教师课堂用语的选择、词汇和语法的讲解、例词例句的展示等都应该符合二年级教学大纲的要求，用词最好不超纲或尽量少超纲。词义辨析也应如此，教师要考虑教学对象以现有的汉语水平能不能理解辨析时选用的词语、句式以及所涉及的汉语知识。

词义辨析的"超纲"现象有两种。

1.解释语过于难懂

马静、行玉华（2008）提出的词语释义的原则有一条就是"释词用词、用语不能超过被解释词的难度，……如果释义用词本身就是'生词'，或者释词用语超过学生已有理解水平，那么不仅没有达到释词的目的，反而让学生不知所云，我们说，这样的释词是失败的"。在给留学生辨析时，常听到这样的说法：这个词"适用于抽象事物""表达的是充分必要条件""表示的规模更大些"，等等，这些带点的词语都会辨得学生昏昏然。而辨析的方法应该是充分利用留学生以前学过的词语和汉语知识，用浅显的词语、短语和句子进行辨析。我们再举一个例子来说明，在《现代汉语高级教程》（上）（2002）中区分"价值"和"价格"时是这样解释的："作为名词用于商品时，'价值'的大小是一定的，而'价格'作为'价值'的货币表现，与'价值'并不一定完全相等。"读到这样的解释，以汉语为母语者也要反复几次，而且也不能保证每个人都能看懂，怎么能给留学生看呢？我们试解释一下，"价值"指的是商品的用处、作用，"价格"指的是买商品时要付的钱数。这个解释是不是更浅显易懂呢？

2.语言学术语过多

如果我们承认语言学是一门科学，那么，就应该承认"词性、句式、句子成分、语法功能"等语言学术语是很多说汉语的中国人所不太了解甚至是根本不懂的，何况留学生呢？我们也承认，一部分学习汉语言专业的高年级留学生对于汉语知识的掌握会比一般的中国人多。可是，词语辨析在留学生学习汉语的初级阶段就已经展开，如果在辨析时出现这些专门术语肯定是大大地"超纲"了。不辨析时学生是一两个词不明白，辨析后却把学生"辨"得糊涂一片，这样的辨析成了帮倒忙。有些论文在词语辨析时经常会用到一些术语，如"词性、词类、句式、句子成分、句子功能、指称范围、语意、动词性宾语、词义的侧重点、词的附属义、感情色彩、语体、风格、兼类词、构形变化"等，这些术语的使用在研究中是很有必要的，但在课堂上面对留学生进行词语辨析时则要尽量避免专门术语太多。

（1）词义辨析应温故知新，预测学生的疑点并主动提出。

留学生认知一个生词时，他想到的是什么？王魁京（2002）提出"转注"说。该文的看法是：当学习者接触第二语言的词语的时候，通常要采用"转注"的方式，把第二语言的词语形式转换成意义大体对应的第一语言的词语形式，并提取第一语言的词语意义信息去注释第二语言词语的意义。文中举例说，母语为英语的学习者遇到汉语的"割"这个词，会把它转注成母语的"cut"，并知道"cut"的意义可以和汉语"割"的意义对应。

我们认为，当留学生刚刚开始学习汉语时可能有这种"转注"的情况，学"一"时想到"one"，学"吃"时想到"eat"，学"走"时想到"go"。但是，在课堂上学"割"这个词的学生，可见有了一定的汉语水平，脑子里已经装了很多汉语词语，而且也有和"割"区分不开的近义词，他不一定就会想到"cut"。举个简单的例子，学生刚学"很"时，有可能联想到"very"，但到后来，他学到"非常"会联想到"很"，学"十分"会联想"很、非常"或者其中的一个，学"特别"会联想"很、非常、十分"或者其中的一个，学"格外"会联想"很、非常、十分、特别"或者其中的一个，早已不再联想"very"了。

根据我们的教学经验，在学习一个新词的过程中，学生经常会联想到一个或几个以前学过的词，而且，随着学习的深入和汉语水平的提高，这种联想会越来越丰富。上面的例子提到，留学生学习"格外"时，会联想到以前学过的"很、非常、十分、特别"，同时也很想弄清这几个词语的区别。鉴于这种情况，汉语教师在讲解新词时，应该预测学生有什么样的联想和疑点，有意识地把和新词有联系的旧词语提出来一并讲解并辨析。在教学中这种辨析工作是大量的，在讲《桥梁·实用汉语中级教程》第二十四课《陕北姑娘》时，仅课文的前4个自然段，约300个字，我们就讲了下列一些词语"投靠—依靠""勤快—勤劳""闲话—废话""拾掇—收拾""绝对—完全""攒—存""仆人—保姆""有意—故意"。横线前面的词都是本课的生词和需要解释的词语，后面的是以前学过的词，我们不仅用后面的词解释了前面的新词，而且还做了新旧词语间的词义辨析，用以前学过的词语很好地带动了新词语的学习。

（2）词义辨析应解决主要矛盾，不要面面俱到。

词义辨析就好像是比较两个人，世界上绝没有两个完全一样的人，两个人的比较可以只指出他们某一点上的区别，如性别、年龄、身高、体重等。也可以全面比较，性别、年龄、身高、体重等自不必说，就连血液、头发、体内各种微量元素等都可以比较一番。如果这样比较下去的话，可以说很难有个穷尽。词义辨析也是这样，简单的比较一两句话足矣，如果全面比较，有些词语辨析写成论文也不成问题。

可是，给留学生辨析词语最好不要面面俱到，更不能像论文那样洋洋数千言，集中力量解决他们某一点困惑或当前遇到的问题即可。也就是说，留学生现在需要什么就给他什么，需要多少就给多少，这样零敲碎打地定量供应，才有助于学生"消化"知识。对于他们还没有遇到没有发生混淆的、目前还接受不了的、用于高水平表达的或者细枝末节的东西，可以暂不涉及。

赵新、李英（2001）对词义辨析的建议是"我们提出要对同义词进行综合、全面、细致的分析，并不是说要把这些复杂的差异一股脑全讲给学生。……对大多数学生，不必面面俱到地细讲"。敖桂华（2008）指出，近义词辨析"要符合学生的语言习得规律，符合学生的认知心理。教者那种'一气呵成，全盘托出'的做法，势必会加重学生的心理负担"。比如，对于"鼓动"和"煽动"这两个词，池昌海（1999）从施事动机、行为状态、附属色彩、语法特点、运用语境等多个角度进行了比较，对这两个词的差别辨析得很全面，这是对汉语本体进行研究所做的词义辨析。如果是为刚学到这两个词的留学生辨析，只指出"鼓动"是个中性词，"煽动"带有贬义也就足够了。这样做也并不是把问题简单化，因为留学生对词语的学习和掌握是一个不断深入的动态过程。现有的问题解决了，随着时间的推移，他们会出现新问题，汉语教师还要在原来的基础上为他们做进一步的词语辨析。

在对外汉语词汇教学中，词语释义和词义辨析是相辅相成的两个方面，和词语释义相比，对词义辨析的研究似乎有些偏弱。不管是词义辨析的对象、近义词的范围还是辨析方法，不少教学者还是习惯采用汉语本体研究的成果，而对这些研究成果怎么结合对外汉语教学的特点进行深加工则有所忽视。

## 第三节 相关概念的社会认知语言学分析

"认知语言学的社会转向"是近年来西方认知语言学的理论发展趋势。越来越多的研究者把兴趣转向了语言的社会维度，关注语言变异。社会认知语言学有两项基本假设：其一，语言是人类认知的工具，也是认知的产物；其二，语言不仅反映个体认知的过程，更是言语共同体的产物。

根据社会认知语言学的基本观点，一个词语的真正意蕴，并不仅仅存在于词典之中，甚至也不仅仅存在于具体的语料之中，而是还存在于社会公众的认知理解之中，需要从社会公众的认识理解角度加以考察。

因此，我们就"汉语国际推广""汉语国际传播""汉语国际教育"中的"推广汉语""传播""教育"到底应该如何理解，对海内外600位从事汉语国际教育的教师做了调查并给出了明确回答。郭志良（1988）指出："对外汉语教学同义辨析对象的范围不仅大于同义词典词义辨析对象的范围，也大于汉语教学词义辨析对象的范围。"这里的"汉语教学"指对中国学生的语文教学。刘绍（1996）的意见是"在对外汉语教学中词语辨析的范围应该放宽：一是就近义词来说，辨析的范围需适当放宽；二是不能只局限于近义词的辨析"。刘先生提出除了近义词辨析以外，还需要对类义词、同音异义词、异序词语进行辨析，词语辨析的工作量很大。孟祥英（1997），赵新、李英（2001）也持有"对外汉语教学辨析对象范围应该扩大"的观点，不再赘述。上面几位先生的看法代表了对外汉语教学界的普遍看法，那就是对外汉语教学的词义辨析和汉语本体研究词义辨析是有区别的，应该扩大辨析对象的范围。我们非常支持这种主张，这种观点是符合对外汉语教学特点的，下面具体讨论确定辨析对象的基准。

一、认知语言学与认知社会语言学

认知语言学于20世纪80年代在反思以乔姆斯基为代表的转换生成学派（TG）的基础上诞生。TG基于"客观主义哲学理论"，从"天赋性、普遍性、自治性、模块性、二元论与形式化"等角度来分析语言与心智之间的关系，为全世界语言学研究开启了一个全新的视角，功不可没。（王寅，2011:83—89）但人类总归要进步，历史势必要前进，学术必然要更新。自TG于1957年登场以来，经过近半个世纪的历程后，Lakoff, Langacker, Taylor, Talmy, Dirven等认知语言学家换位思考，提出了与TG学派全然不同的立场。认为语言学研究应基于非客观主义的"后现代哲学理论"，应当从"体验性、特殊性、依存性、整体性、使用性"等角度，依据"现实—认知—语言"的核心原则来阐释语言的成因；认为语言不是先天的，而是来自人们与现实世界的"认识加工"，从而又为语言学的理论与实践开辟了一片新天地。一方面该核心原则从理论上撼动了TG的基本立场，同时也为语言教学带来了许多全新思路。

"Cognitive Sociolinguistics（认知社会语言学，简称CSL）"，亦有学者称其为Social Cognitive Linguistics（社会认知语言学，简称SCL），意在将认知语言学和社会语言学（SL）紧密结合起来，在前者中融入后者的研究方法，这亦已成为认知语言学发展的最新动向之一。正如Harder（2010：1）所指出的那样，当前出现了"the social turn in Cognitive Linguistics（认知语言学中的社会转向）"。

国外近年来的出版物都充分表明：认知语言学和SL的结合代表着当今认知语言学发展的一个重要方向，当然也代表着社会语言学的最新方向，同时也与系统功能语言学视野下的社会符号学（参见张德禄，2010）不谋而合。这再次表明，当代语言学的跨学科研究前程无量，值得我们加以密切关注，认真思索。

二、认知语用学与社会认知语用学

Sperber和Wilson（1986）正式创立认知语用学，超越了Trice等语用学家的语码交际模式，将"认知"与"交际"紧密结合起来，从认知机制角度来解释交际过程，但也留下了很多问题。

Kecskes（2010）尝试运用"Sociol Cognitive Approach（SCA）"的方法来研究语用学，即在认知语用学的基础上考量社会因素，当为本世纪语用学理论的一个最新发展。该理论将交际过程视为"社会"和"认知"两个因素互动的过程，由于双方都是个体，言语交际（包括发话人的产出和受话人的理解）不可避免地会受到个体语用因素的"污染"，主要包括：

（1）先存的经历各有不同；

（2）对语境做不同的评价；

（3）意向具有动态变化性；

（4）个体有不同突显方法。

因为言语交际中必然存在个体差异，交际不会平滑顺利，而会崎岖不畅，充满"尝试纠错"的过程。因此SCA认为，语用理论应是"说—听"双中心的，而不应像Grit或新Trice理论那样仅以发话人为中心，也不应像Sperber和Wilson（1986）的"关联论"或Giora（1997；2003）"分级突显假设（Graded Salience Hypothesis）"仅以受话人为中心。过往的语用学理论过分注重"合作、礼貌、仪式"，而忽视"误解、失败、斗嘴、伤人、贫嘴"，在某种程度上误导了语用学研究方向。

Kecskes（2010）还将社会因素进一步细化为意向、实际情境经历、合作、关联；将认知因素细化为注意力、私人经历、自我中心、突显。"合作性"，是以意向性为导向的，可用关联论（与Sperber和Wilson的不同，强调与"意向"的关联性）来论述；"自我中心"是以注意力为导向的，可用"突显（Salience）"来论述，指特定交际语境中在注意范围内的突显性知识，且能产生潜在效应，会帮助或阻碍意向的表达及其随后的交际效果。据此Kecskes将其研究聚焦于"意向"和"突显"这两者之上。

（1）意向。交际过程可被解释为形成、表达和解释意向的过程。人们一般认为，意向先于话语，但SCA认为意向具有动态性，产生自交际过程之中，且可随语境不断做出合理调整，从而使得对话中不断"涌现"出新信息，这就是学界常说的"涌现性（Emergence）"。该术语与认知语言学中"概念整合理论（Conceptual Blending Theory）"所用的"Emergent Structure"意思基本相同，后者指两个心智空间中的相关信息进入整合空间后所产生出的"新创结构"（王寅，2007；王正元，2009），它是指原来两个心智空间中没有的信息，这与Kecskes所说的"涌现性"大致同义。

（2）突显。这也是认知语言学中的一个关键术语，它主要来自认知心理学对"图形—背景"的分析，Talmy（1975）率先将其引入认知语言学；Langacker（1987）对其做出了重要发展，且将"突显（Salience）"视为"识解（Construal）"的一项重要内容。但我们也注意到，Kecskes早就开始研究"突显"问题了，且发表了数篇文章论述其层级突显性（Graded Salience），强调其在言语产生和理解中所起到的重要作用。因为发话人往往会对语境中突显部分给予更多的关注，它就更可能成为谈话的对象，直接影响词语、结构等的选用。值得注意的是，他（2010:11）还详述了影响突显的三大要素：

（1）交际双方基于先前经验的知识；

（2）与语境紧密相关的知识的频度、熟知度、约定度；

（3）双方的心智状态和/或注意源的可及性。

Kecskes还对"意向性"和"注意力"两者之间的互动关系做出了精彩分析，他（2010:12）指出，意向性是整个交际过程的中心，指引着受话人去注意并凸显相关信息，以能保证意向性被识别出来；注意力与特定话语类型的意向性存在一定的比例关系，且凸显的对象将随着意向性、社会文化背景知识、语境而有较大的差异。据此，一次成功的交际是通过"意向行为+注意加工"共同保障的，双方既要"合作"又有"自我"，前者依据意向性，后者依据注意力，这两者又离不开社会文化背景知识。

CSL和SCA这两个发展方向可谓"殊途同归"，一个是在认知语言学的理论框架中糅入了社会语言学的研究方法；另一个是在认知语用学的研究中结合了社会因素，即在语用学中突显了认知因素和社会因素。从这两个学科的最新发展方向可见，单独从认知角度，或者单独从社会角度来研究语言或者语用，不算全面，都可能导致"以偏概全"的局面，甚至出现"一叶障目，不见泰山"的结果。而将这两个角度紧密结合起来，则可能为语用学掀开崭新的一页，CSL和SCA的发展充分证明了这一点，这就是我们这几年所说的"新认知语用学"。

三、新认知语用学

我们结合CSL、SCA的相关理论及其存在的问题提出"新认知语用学（New cognitive Pragmatics， NCP）"，主张用认知语言学中所倡导的十数种认知方式来分析言语交际和会话含意。根据我们的理解，Kecskes上文所述的主要观点，与认知语言学核心原则中对现实的"认知加工"这一论述较为接近。在"社会认知"过程中，他重点论述了意向（Image）和注意（Attention）这两个要素，特别是其中的互动关系，值得我们借鉴。这也足以可见，认知语言学与SCA不但在很多理念上具有较大的共通性，而且也具有很高的互补性。

我们知道，认知语言学的核心原则为"现实—认知—语言"，意在批判TG的语言天赋观，强调语言来自对现实的互动体验和认知加工。其中既有较为客观的身体经历，也包括较为主观的认知过程，因此语言是社会和认知，也是客观和主观共同作用的结果，是身心一元论的产物。

认知语言学的核心原则本来是针对TG的语言天赋说提出的，意在强调语言的"体认性（体验性+认知性）"这一本质特征。现笔者基于语言交际和语用学角度拟将其修补为循环式（见图1-8）。

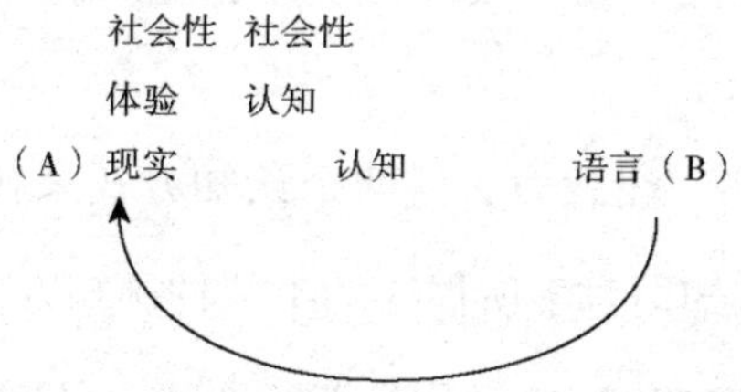

图1-8　循环的核心原则

A在特定的现实情境中，基于自己当下的意向性和注意力，择用适切的词语、句型来确定适切的语音语调，将想要表达的意向内容说出来。如Kecskes（2010:11）所举的例子:Sally is speaking to Bill:Don't move! There is a snake over there!

正是由于在现实环境中出现了一条蛇，Sally注意到了它，且认识到可能会对Bill带去危险，使得Sally产生了提醒Bill的意向，因而说出了这句话。当Bill听到这句话后可能会做出多种反应，多半会"尖叫一声""吓得直跳"，但也有可能会"淡定自若""不动声色"或"追问在何处，意欲抓捕"等。后种情况不完全在Sally原有意向的控制下，她必须依据Bill的反应才能做出适切的应对，才可使交际进行下去。

### 四、十数种认知方式

SCA主要论述了"意向性"和"注意力"，且将前者归属于"社会性"范畴，将后者归属于"认知性"范畴，以能体现Kecskes的"社会认知"分析方法。我们认为，这似乎欠妥，因为哲学界和语言学界常将"意向性"视为一种心智活动，当归属于"认知"范畴更为合理。

从上例分析可见，将"意向性"和"注意力"这两者都视为认知因素，并不影响该理论的解释力，因为这两者本来就都与"体验社会现实"这一基础密切相关。因此，意向性和注意力将会受到随后的交际场景，言语氛围，不同言词、句型择用、语音语调，以及十数种认知方式等因素的共同作用，必定要发生动态性变化。

仅用"意向性"和"注意力"这两个认知方式来解释言语交际和会话含意还不够，且还会涉及认知语言学所倡导的十数种认知方式（王寅，2007），它们主要包括互动体验、范畴化、概念化、意象图式、认知模型（包括CM，ICM，ECM，概念整合）、识解（图形、背景、突显、视角等）、隐转喻、关联等，它们都可能进入交际程序，推动、调整或改变交际进程。这些认知方式将大大有利于系统分析言语交际和会话含意，且能更有效地解释诸多语用现象，这就是我们所说的"新认知语用学（NCP）"。此处的"新"就新在综合了社会和认知两要素，"新"就新在将认知语言学所倡导的十数种认知方式全面用于研究言语交际和会话含意之中。

陶陶（2009）和张玲（2011）都曾分别以朱时茂和陈佩斯、赵本山的系列小品为封闭语料，运用上述十数种认知方式解读了其中的若干笑点，为幽默研究提供了一个全新的语用分析方案。我们认为，认知语言学所倡导的这些基本分析方式同样适用于解读其他话语含意。

近50年来国外语用学主要出现了如下几种主要观点，大致经历了十个重要历程，现按照时间顺序排列如下：

（1）Morris（1938）符号三分说，正式提出"语用学"；

（2）Carnap（1948）再述三分说，其学生Bar-Hillel（1950 s）研究指称语；

（3）Wittgenstein（1953）语言游戏论、意义用法论；

（4）Malinowski（1920s）和Firth（1930s）语境论，Halliday（1970s）系统功能语言学；

（5）Austin（1962）和Searle（1969）言语行为论；

（6）Grice（1975）合作原则、会话含意；

（7）Brown和Levinson（1978）礼貌原则、面子保全论，Leech（1983）语用；

（8）Horn（1984）和Levinson（1987）新格莱斯会话含意理论；

（9）Sperber和Wikon（1986）认知语用学；

（10）Verschueren（1998）顺应论；

（11）Habermas（1981）普遍语用学；

（12）认知语言学（2000s）新认知语用学。

多路学者可谓各显神通、尽出奇招，分别从不同角度论述了日常语言学派的基本观点和语用交际原则，为话语理解、语用交际，以及如何从字面意义获得实际语用含意，不断提出新观点，大大丰富了语用学研究内容。

笔者在此还要特别强调指出，由于很多国内外语用学家在他们的专著和教材中未论及Habermas（1981）的"普遍语用学（Universal Pragmatics）"，因而导致国内外语界很少有人论述哈氏语用观，我们认为这是语用学研究中的一大缺憾。近年来由于语言哲学在我国外语界逐步普及，很多学者亦已深刻认识到这一问题，并在极力加以弥补。笔者在此也衷心期望各位同人能关注Habermas的普遍语用学和交往行动理论，以便能对语用学有一个更为全面的了解。

CSL和SCA这两个前沿学科，或许是"不谋而合"，或许是"有谋而合"，将语言的"社会维度"和"认知维度"紧密结合起来,既扩展了认知语言学的研究范围,又为SL提供了新内容,也为语用学指出了一个崭新方向。我们依据认知语言学,CSL和SCA基本立场进一步提出了"新认知语用学",正是沿着当今语言学的发展方向和研究思路迈出的新步伐,可望为新世纪的语用学研究提供新思路,但愿此篇拙文能对同行有所启发。

## 第四节　汉语国际教育的根本目标

汉语国际教育的根本目标是什么?汉语教学界权威且最常见的认识就是:"汉语能力获得"和"中国文化传播"。可是,如果面对一个明确的恐怖分子,任何有良知的汉语教师无疑都不会愿意帮助其"获得汉语能力"。而如果一味强调"中国文化传播",我们也已经遇到了目标传播国家越来越强烈的"文化侵略"的怀疑。教育的根本目标一定是建立在教育者和受教育者的共识基础上的,由此而言,显然"汉语能力获得"和"中国文化传播"尽管都是汉语国际教育的题中应有之义,但都不可能成为"根本目标",那么,汉语国际教育的根本目标到底是什么?

一、汉语国际教育目标的既有认识及问题

随着汉语国际教育的迅速展开,汉语国际教育研究也得到越来越多的关注。不过,迄今为止,已有的讨论似乎都集中在"怎么做"上,对"为什么做"亦即"汉语国际教育的目标是什么"却还是缺乏应有的讨论。功能决定结构,目的决定过程。我们以为,在分析汉语国际教育应该"怎么做"前,首先就应该思考"为什么做",也就是分析汉语国际教育的目标是什么,尤其是要分析汉语国际教育的根本目标是什么。

在汉语国际教育界,对于汉语国际教育的目标,最典型的认识就是"能力的获得",如业内影响最大的一部著作《对外汉语教学概论》就反复强调:

"对外汉语教学顾名思义就是语言教学，是对外国人进行的以汉语作为第二语言的教学，衡量对外汉语教学成功与否的唯一标准就是学习者是否掌握了汉语这一交际工具。"

只是同样是能力获得，有人强调的是"语言能力获得"，也有人强调的是"交际能力获得"在这个问题上"大致可以分为两个大阶段：第一个阶段，从50年代初到70年代后期，基本上是以培养汉语的听、说、读、写语言技能为教学目的；第二个阶段，从70年代末到现在，提出并确立了培养汉语交际能力的教学目的"。

不过，近年来，已经有越来越多的人认识到汉语国际教育的目标并不限于"培养外国人的汉语交际能力"，还要"传播中国文化"。尤其是在孔子学院的设立宗旨中，对此表达得最为明确："作为推广汉语教学，传播中国文化的重要平台，孔子学院无疑成为中华文化走出去的重要途径。"尽管从大多数汉语国际教育学者的实际做法来看，还是只将其作为一种外国人汉语"语言能力获得"的过程。

如果说在国家汉办的指导思想中，孔子学院既是"推广汉语教学"的平台，也是"传播中国文化"的平台，那么，与此相类，在国际关系学界，更多的是直接把汉语国际教育看作一种"文化外交"。所谓"文化外交"是一个国家经济外交、政治外交之外的重要补充，是依靠文化手段来开展国际间的公共活动，达成对外战略意图的过程。孔子学院便被认为是这样一个语言文化外交的推广机构。

也有人指出汉语国际教育蕴含着巨大的经济利益，认为在全球范围内进行资源配置是当今经济的发展趋势，但国际贸易中的交易成本总是阻碍中国正常地融入世界经济，尤其是因语言文化的障碍产生的交易成本给我们制造了不少麻烦，而汉语的国际推广正可降低这种交易成本。

当然，更有人认为汉语国际教育的一个目的就是"重建汉字文化圈"，甚至是"扩大汉字文化圈"。

由此，我们便碰到一系列的问题："语言获得""交际能力获得""文化传播""文化外交""经济利益实现""重建汉字文化圈"等目标并不完全一致，那么，汉语国际教育的目标到底是什么？

文化的核心是价值观，我们可能要求世界都接受我们的价值观吗？或者说，如果我们高扬传播价值观的旗帜，是否合适？是否会遭遇激烈的反对？

由此，汉语国际教育根本目标定义为"培养汉语交际能力"或"传播中国文化"是否准确？到底应该如何定义？

二、汉语国际教育的根本目标的重新界定

我们认为：第一，汉语国际教育的目标不是单一的，也不应该是杂乱的，而应该是一个有序的分层的系统；第二，汉语国际教育的根本目标既不是汉语交际能力的获得，也不只是中国文化的传播。

前述的几乎每一种汉语国际教育的目标，都有其一定的合理性，基本上都是值得考虑的。由此带来的问题就是：其一，除了这些目标以外，是否还有其他目标；其二，这些目标的关系应该如何建构。

我们以为，汉语国际教育的主要目标至少应该包括5项：汉语能力获得、交际能力建构、经济利益实现、中国文化传播、中外社会互动。

汉语国际教育的最直接目标自然是受教育者的"汉语能力获得"。不过，如果需要更进一步思考的话，那么，我们对此需要研究的应该是使受教育者如何才能"以尽可能小的成本"获得汉语能力。由此基础进一步考虑，就是"交际能力建构"，汉语国际教育不但应该使受教育者能够"听说读写"汉语，并且更应该具有与中国人交际的实际能力。

在汉语国际教育中"经济利益实现"同样是一个重要内容。语言除了作为获取信息、交流信息的工具和媒介外，还具有经济学的属性，即价值（value）和效用（utility）、费用（cost）和效益（benefit）等。由于经济的全球化，各国经贸往来日益频繁，商品和劳务输送需要通过语言传达，技术的分享更需要语言的交流。尤其是在21世纪的知识经济时代中，强调的就是信息化。所谓信息化就是利用电脑和网络对信息进行收集、整理、储存、交换和检索的过程，其中的基本元素也是语言与文字；信息化的过程也就是语言文字应用的过程。就学习者个人而言，汉语的学习过程也就是"个人语言资本"的增值过程。受教育者通常通过语言这一工具可学会其他知识和技能来服务于雇主和社会。因此，语言像其他工作技能一样，成为一种由市场来决定其价值的服务。就教育方而言，语言既可能产生为满足人们提高语言能力的要求而产生的经济活动以及所带来的经济收益，更存在"由于语言而推动的经济利益，也就是有效促进国际之间贸易交流"。当然，需要指出的是，在语言的经济利益获得问题上，汉语还远没有英语那样的国际地位，因此也不可能简单采取英语式的传播模式。

与"经济利益实现"相比，"中国文化传播"是汉语国际教育更为重要而困难的一个任务。衡量一个国家的综合实力，除了物质性的硬实力以外，还包括非物质性的软实力。西方战略学者克莱因曾经提出这样一个公式：国家力量＝硬实力[（人口＋领土）＋经济实力＋军事能力]×软实力。文化是软实力的核心。所谓"语言文化外交"即以语言推广为手段，对外传播该国的语言及文化，透过教育、文化的交流，提升国家形象，建立彼此友谊，达成文化外交的目的。德国的歌德学院、英国的文化委员会、西班牙的赛万提斯学院、法语联盟和我国的孔子学院无不如此。在文化外交的实践中，孔子学院不但成为本国与所在地人民交流的海外文化窗口，传授汉语，为中外人士提供民间多方位交流的平台；同时，也成为我国海外的"公共关系部门"，不断维护中国的国际形象。

只是，正如我们很难接受某外国机构向我们宣称"我们要向你们传播美国文化""我们要你们接受英国的价值观"一样，在文化传播的过程中，站在汉语传播的目标国家社会的立场上，强调汉语国际教育是为了"传播中国文化"

也是不合适的。其实，我们已经遇到了这样的问题：目标传播国家每每并不认同我们"传播中国文化"的目标，甚至还有的将"传播中国文化"曲解为"中国文化侵略"。尤其是随着中国经济的高速发展，各国国际地位的重新调整，国际社会对于中国的疑虑也越来越强烈，"中国威胁论"也开始获得越来越多的响应。当然，在这样的背景下，如果提出"重建汉字文化圈"的口号更是不适宜的，不但不切合当今世界经济文化发展的基本原则，也非常容易招致他国的反感。

教育的根本目标一定是建立在教育者和受教育者的共识基础上的，由此可见，无论是"汉语能力获得""交际能力建构"，还是"经济利益实现""中国文化传播"，都无法成为汉语国际教育的根本目标。那么，汉语国际教育的根本目标或最高目标应该是什么？我们以为，应该是"中外社会互动"，是促进目的语社会（中国社会）与学习者母语社会的"社会互动"。

人是社会的动物，社会就是"共享文化的人的交流"。由此而言，语言并不仅仅是一种一般性意义上的人的思维工具、交际工具，更是人类社会的"构成性要素"。这也就是说，第一，没有语言，没有交流，就没有人类社会；第二，这种交流，最重要的是文化的交流；第三，文化交流的基本目的是实现文化的共享，亦即"人与人的互动"、社会与社会的互动。

在"汉语能力获得"和"中外社会互动"之间，我们需要"交际能力建构"，需要"经济利益实现"，需要"中国文化传播"。但是"中国文化传播"并不一定自动实现"社会互动"。知道了"中国人见面为什么问'你吃过了吗'""中国菜的特点是什么"，知道了中国社会的发展历史，知道了中国人的生活方式，知道了中国人的价值观，并不一定就能够理解中国人发展的目标、努力与目前还存在的问题，并且对这些问题建立一种"将心比心"的"理解"与"同情"的态度，而后者无疑是更为重要的。

由此而论，汉语国际教育的目标也许可以定义为五个层次（见图1-9）。

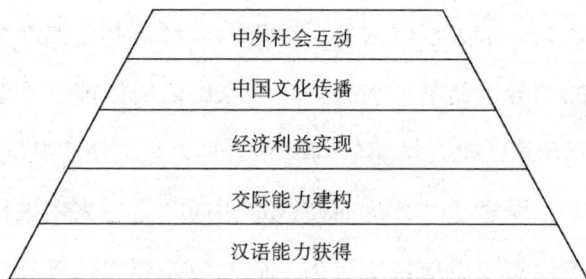

中外社会互动

中国文化传播

经济利益实现

交际能力建构

汉语能力获得

**图1-9 汉语国际教育的五层次目标**

在"汉语能力获得—交际能力建构—经济利益实现—中国文化传播—中外社会互动"的过程中，"汉语能力获得"只是一个前提性、基础性的条件，根本目标应该还是"中外社会互动"。这才是教育者和受教育者可以达成真正共识的汉语国际教育目标，可以理直气壮地加以明确宣传的汉语国际教育目标。

可惜，已有的汉语国际教育研究几乎都忽视了这一点。从汉语国际教育目标体系的核心来看，汉语国际教育的目标是一个多层次的目标体系。那么，在"汉语能力获得—交际能力建构—经济利益实现—中国文化传播—中外社会互动"这样一个目标体系中，应该以什么贯穿始终，而且不断强化？

这更是一个非常需要讨论的问题。

我们以为，汉语国际教育的目标体系的核心应该就是"情感沟通"。

汉语国际教育可能使学习者获得汉语能力，却几乎不可能使其获得与母语一样的能力；汉语国际教育可能使学习者获得与中国人交际的能力，却几乎不可能使其获得与母语社会中一样的交际能力；汉语国际教育可能使学习者获得经济利益，却几乎不可能使所有的学习者都获得与母语等同的语言资本，更不可能在经济利益上不与中国冲突，中外经济利益不可能处处一致；汉语国际教育可能使学习者了解中国文化，却几乎不可能使其像了解母语文化一样深刻，更不可能指望构建文化与价值观的一致性。那么，中外社会互动最重要的基础和最理想的境界是什么？我们以为，应该是"情感沟通"。

都说"地球是个村庄,世界是个家庭",这真是一个极好的隐喻。即使在日常社会生活中,在一个大家庭内部,要想消灭经济利益的冲突是不可能的,要想消灭价值观的差异也是不可能的。一个家庭之所以能够不解体,最可能也是最需要的、最有价值的就是情感的沟通和共鸣,是"情感共同体"的构建。

所谓"沟通",原意是"开沟而使两水相通",后来用来指人与人彼此的关系相通。沟通不仅需要以信息交流为基础,更需要以情感互动为内核。美国传播学家唐·库什曼等指出:"当代沟通的问题,实质上是如何保证怀有分歧观点但又需要相互依赖的人们在解决共同问题时达成合作。"

就"汉语能力获得"而言"传播效果阶梯模式"( a model for predictive measurements of advertising effectiveness )(见图1-10)提出:传播包含"获知、认识、喜欢、偏爱、相信、购买"6个步骤,这6个步骤又可归纳为3个范畴,即认知、感情、意愿。其中,"获知"和"认识"属于认知(cognitive)范畴,关乎我们对事物的认识,在汉语国际教育上,就是如何吸引他国人民关注汉语学习的经济价值、文化价值与政治价值;使原本毫无概念的人开始注意汉语学习的重要;"喜欢"和"偏爱"属于感情范畴,关乎我们对事物的态度,在汉语国际教育上,就是如何使这些已经注意汉语学习重要性的人,开始对汉语学习产生兴趣;"相信"和"购买"则属意愿范畴,关乎我们对事物产生的行动。在汉语国际教育上,就是如何使这些已经对汉语产生学习兴趣的人付诸行动,开始学习汉语,还要使已经在学习的人变得乐于学习,更要把已经乐于学习的人变成汉语的自愿推广者。

图1-10 就"汉语能力获得"而言的"传播效果阶梯模式"

就"交际能力建构"而言，任何有经验的观察者都会发现语言学习最好的方式也许不是到学校去，而是与目的语社会的异性恋爱：感情是语言学习、语言交际能力构建最好的推动力，而语言的学习、语言交际能力的构建又是感情深化最好的黏合剂。

就"经济利益实现"而言，越是具有感情，才越容易形成利益共享机制；而利益越是共享，感情也就越是牢固。

就"中国文化传播"而言，越是有感情，就越容易接受与此相关的文化；越是具有文化的了解，越容易变成"同情"的了解。

就"中外社会互动"而言，越是有感情，就越容易互动。更为重要的是，当今世界的地缘政治格局，不但不再是只被国家和地区的经济差别所分割，也不再是只被国家和文明之间的文化差别这条界限所分割，国际社会的和谐发展最突出的障碍就是如何克服"情感的冲突"。由此，最近，法国著名政治学家莫伊西提出了一个全新的学术命题："情感地缘政治学"。他指出，"9·11"事件之后，欧美对伊斯兰世界产生了越来越深刻的"恐惧"情感——害怕被袭击，害怕自己的经济和文化优势被摧毁；伊斯兰世界面对西方则产生越来越深刻的"羞辱"情感——觉得自己的权利和资源不断被剥夺而又无法反抗；金砖国家则产生越来越强烈的"希望"情感——觉得自己的明天会比今天好。凡此种种，情感正在重塑我们的世界："我们生存的这个互相依存、融合一体的世界，真是太难以掌握和理解了。这既是数量问题也是质量问题：我们人类从来没有如此众多的数量，如此广泛的分布，而在生活方式、价值观和环境等方面又如此不同。人们很容易无视这种复杂性的存在。因此，激进主义和极端意识形态的吸引力，就在于它们将世界的复杂性减低，甚至只剩下口号、标语和僵硬的指令。""在这样一个世界中，情感是最能让人确信的。……出于这个原因，了解其他文化中的情感，就变得越发重要了。其他人会日益成为我们多文化社会的一个部分。这个世界的情感边界变得与地理世界一样重要。而且两者不能够进行机械对比。随着时间的流逝，情感地图将变得合理合法而且必要，就像地理上的地图一样。"莫伊西的这些话正是"情感"对"国际社会互动"关系的最好说明。

更进一步说，汉语国际教育不应该只是看作"在国际上开展"的"汉语教育"，核心是向国外传播"汉语"以及附着于其中的中国文化；更应该看作"运用汉语进行"的"国际教育"。

所谓"国际教育"，联合国教科文组织早在1952年就已规定，就是"解释人类文化差异性的原因；说明人类文明来自各个民族共同的贡献；证明人类进步是全人类的共同遗产；强调各个民族都负有合作的责任；指出国际协议的履行需要人类共同的意志；倡导教育成为国际社会达至世界大同的必经之路；培养年轻一代的和平文化意识；培育年轻一代的国际理解与合作精神"。1974年，联合国教科文组织进一步制定了国际教育的指导原则："多层次的全球视野，尊重所有的民族与文化，意识到人类间不断加深的相互依赖性，沟通能力，意识到人类的权利和责任，国际团结与合作，个人对解决社会、国家和世界所面临的问题做出自己的贡献。"

这里，在注重民族性的同时，还必须注意"民族际性"，即"那种使不同民族之间互相理解成为可能的前提性的东西"，以增进对和我们不同的人的价值观、观点和生活方式的理解，由此而达成"国际理解教育"的境界。

联合国教科文组织认为，国际理解教育是以"国际理解"为理念而开展的各种教育活动的总称。其目的就是：增进不同文化背景、不同种族、不同宗教信仰和不同区域、国家、地区的人们之间相互了解与相互宽容；加强他们之间相互合作，以便共同认识和处理全球社会存在的重大共同问题；促使"将事实上的相互依赖变成为有意识的团结互助，是教育的主要任务之一。为此，教育应使每个人都能够通过对世界的进一步认识来了解自己和了解他人"。

据此，国际文凭（大学预科）教育的目标就非常明确地定位为培养"独立判断的思想者、终身不渝的学习者、世界事务的参与者"。这就不仅需要让学生掌握与目的语和母语文化相关的基础性和事实性知识，而且还需要培养学生的全球意识和国际理解意识，让学生获得立足全球的开阔眼界和胸怀，改变学生的局部思维和行动方式，培养一种世界公民意识。汉语国际教育其实正是一种可以影响"情感地缘政治"的过程、造就国际社会互动的重要力量。汉语国际教育绝不是单纯的语言教学，更不能是仅仅希望拓展中国经济实力或是提升中国国际政治地位那么粗浅。

总而言之，汉语国际教育不应该只是构建一种"知识共同体"，也几乎不可能构建"价值共同体"，应该也可能做的就是构建一种"情感共同体"。也就是一方面让世人注意到中国的文明和美好，另一方面要让世人理解中国现阶段许多力有未逮的困难。由此，在促进全球大多数的民众"建设性接触"的基础上实现多元文化主义，发自内心地"理解中国""理解中国人民""理解与中国相关的事物"，让中国在这个地球村中成为一户受欢迎的居民。

我们的汉语国际教育的纲领制定、教师培训、教材编写、考试评价乃至教学管理都应该自觉而充分地注意这一点。

# 第二章 汉语国际教育目标的既有认识

功能决定结构，目的决定过程。我们在分析汉语国际教育应该"怎么"做时，首先就应该思考"为什么"做，也就是分析汉语国际教育的目标是什么，尤其是要分析汉语国际教育的根本目标是什么。

对此，学界的主导性认识是什么呢？

## 第一节 "能力获得"观

现在汉语国际教育界，对于汉语国际教育的目标，最典型、最主流的认识就是"能力获得"，尤其是在政府高层还没有提出"汉语国际教育""汉语国际推广"的口号时。

如业内影响最大的一部专著《对外汉语教学概论》就反复强调：

对外汉语教学顾名思义就是语言教学，是对外国人进行的以汉语作为第二语言的教学，衡量对外汉语教学成功与否的唯一标准就是学习者是否掌握了汉语这一交际工具。

作为第二语言教学的汉语课，就其本质特点来说，是语言工具课、语言技能课。对外汉语教学的根本目标则是通过以技能训练为核心的汉语教学，培养学生运用汉语进行交际的能力。

不过，同样是能力获得，一种是强调"语言能力获得"，另一种是强调"交际能力获得"，正如前"国家汉办"副主任程棠所指出的：从20世纪50年代初开创到现在，已走过了半个世纪的历程。在这个漫长的历程中，我们一直在追求一个正确的教学目的，并在理论和实践两个方面进行了不懈的探索。从教学目的角度看，大致可以分为两个大阶段：第一个阶段，从50年代初到70年代后期，基本上是以培养汉语的听、说、读、写语言技能为教学目的；第二个阶段，从70年代末到现在，提出并确立了培养汉语交际能力的教学目的。

所幸，在最近十年以来，已经有越来越多的人认识到汉语国际教育的目标并不限于"培养外国人的汉语交际能力"，而是传播中国的文化——尽管在大多数汉语国际教育的学者实际做法来看，还是只将其作为一种外国人对于汉语的"语言获得"的过程。

## 第二节 "文化传播"观

### 一、国内"大众文化"传播观

"文化传播"观最积极的提倡者可以说是国家汉办主任、孔子学院总部总干事许琳，他一再强调指出，（孔子学院是）推广汉语教学，传播中国文化的重要平台，无疑成为中华文化"走出去"的重要途径。

如果国家汉办的指导思想中，孔子学院既是"推广汉语教学"的平台，也是"传播中国文化"的平台，那么，在国际关系学界，更多的是直接把汉语国际教育看作一种"文化外交"。

所谓"文化外交"被认为是一个国家经济外交、政治外交之外的重要补充，是依靠文化手段来开展国际间的公共活动，达成对外战略意图的过程。复旦大学戴蓉认为，语言文化外交是一国以语言推广为先导，以语言和文化传播为内容，以教育和交流的手段达到增进相互了解、提升国家形象、达成文化交流的目的的对外文化活动。

孔子学院便被认为是一个语言文化外交的推广机构，标志着中国语言文化外交的兴起。

当然，还有人更认为汉语国际教育的一个目的就是"重建汉字文化圈"。如某"汉语国际教育研究中心"的学术委员会负责人在该委员会成立大会上便提出：汉语国际教育能否"重建汉字文化圈"，甚至是"扩大汉字文化圈"。

由此，我们便碰到一系列的问题：

——"语言获得""交际能力获得""文化传播""文化外交""重建汉字文化圈"等，目标并不一致，那么，汉语国际教育的目标到底是什么？

——文化的核心是价值观，我们可能要世界都接受我们的价值观吗？或者说，如果我们高扬传播价值观的旗帜，是否合适？是否会遭遇激烈的反对？

——汉语国际教育根本目标定义为传播中国文化是否准确？到底应该如何定义？

二、国际"大众的"文化传播观——早期伯明翰学派的大众文化观

法兰克福学派对大众文化批判的主要观点是，裹挟着商业利益与统治意识的大众文化席卷而来，个体应声而倒，几无还手之力。然而在英国，有几位学者偏偏愿意相信个人在大众文化中的能动作用，几番阐释之下形成了学术史上颇有威望的一个团体——伯明翰学派。

伯明翰学派的根据地是成立于1964年的英国伯明翰大学当代文化研究中心，在该中心从事文化研究工作的学者以及与中心关系密切、思想切合的学者都被称作"伯明翰学派"。在中心成立之前的20世纪50年代末60年代初，霍加特（Richard Hoggart）、威廉斯（Williams Raymond）、汤普逊（Edward Palmer Thompson）等人就已经做了大量文化研究工作，奠定了伯明翰学派的坚实基础。此处所论述的也正是威廉斯、霍加特等早期伯明翰学派学者对大众文化的态度。而伯明翰学派中后期的霍尔（Stuart Hall）、费斯克（John Fiske）等人的大众文化观，将在后文另做阐述。

威廉斯最为人津津乐道的是他开辟的"文化作为一种生活方式"的定义，极大地拓展了人们对文化乃至大众文化的理解思路和研究视野。在《漫长的革

命》中，威廉斯详述了文化的三个层次：理想的定义，文化是"人类完善的一种状态或过程"；文献式定义，文化是"知性和想象作品的整体，这些作品以不同的方式详细地记录了人类的思想和经验"；社会定义，文化是"对一种特殊生活方式的描述，这种描述不仅表现艺术和学问中的某些价值和意义，而且也表现制度和日常行为中的某些意义和价值"。

显然第一、二个定义侧重文化的知识思想层面，也是利维斯等精英主义者所关注的经典文化内涵。第三个定义，"一种特殊生活方式的描述"，则前所未有地将物质层面纳入文化观照之中，而这正是文化精英主义者所未能意识到的。自此，包括社会习俗、民俗民风等所有标志特定群体生活方式的东西均可称为文化，文化无所不在。这就给大众创造属于自己的文化建立了合法性，扫清了精英主义横亘于前的障碍。既然文化是一种生活方式，没有了创造"所思所言的最好的东西"的脑力门槛，那么大众的任何一种生活方式都理应作为人类文化的一部分记录在案。

然而不得不承认的是，即使在威廉斯确立了大众拥有自身文化的合法性之后，我们也很难自欺欺人地认定公共领域中充斥的肥皂剧、广告、电影、漫画是大众自己创造出来的属于大众的文化，毕竟没有天赋或未经专业训练的平民百姓很难创作出广泛流行的文化商品。这种文化商品很难讲是按照工人阶级利益创造的或者说是显示工人阶级生活方式的。霍加特在《文化的用途》中，举出许多事例，表达他对大众文化腐败堕落的担心；威廉斯也并不掩饰对这种商业性大众文化侵蚀麻醉工人阶级意志的忧虑：难道不正是大众文化的真正入侵使我们陷入了一种没完没了的喜忧参半、不分皂白、从根本上觉得腻烦的反应之中？一切艺术和娱乐的精神可以变得如此标准化，以至于我们对任何事物都难有专注的兴趣，而只是无动于衷地接受，同时衍生出柯尔律治所称的"对怠惰的沉湎和对空虚的愤懑"。确切地说，你并非在享受它，也没有专门留心它，仅仅在消磨时间而已。

在这里威廉斯似乎即将走进法兰克福学派的悲观黑夜中，但工人阶级出身的他仍满怀信心，这也是伯明翰学派与法兰克福学派的根本区别。大众文化顶多是一种占据时间的麻醉罢了，不单大众文化，被任何一种其他的东西占据都会是麻醉。威廉斯坚持认为工人阶级能够抵抗大众文化的控制和操纵，"这不仅仅是消极抵抗的能力，而是积极主动的能力，虽然不是很有力。工人阶级天生有强大的能力，通过适应或吸收新秩序的需要，忽视其他，在变化中生存下来"。

威廉斯的这种乐观并不虚妄，事实上这也形成了伯明翰学派最重要的一个传统，即强调受众的主体性和创造性。伯明翰学派向来主张把受众还原于社会环境中，考察受众的社会背景与其对媒介产品接受状况之间的关系。包括后来莫利等人在《全国新闻》受众研究中创立的"民族志"研究方法，就是伯明翰学派学者为了应对受众创造性可能产生的分歧而深入一个特定文化群体内部，"自内而外"来展示其意义和行为的创造。受众不同的社会地位、文化背景、知识体系与经验阅历等构成了受众接受文本时的不同感知结构和解码方式，这必然导致意义解读的多样性和复杂性。也许威廉斯等的乐观正来源于此，伯明翰学派认定，虽然商业性的大众文化往往由专门机构生产，但这并不妨碍大众利用这种文化工业创造属于自己的文化。因为文化工业的符号和影像并不具备实际意义，要想完成意义传递并影响个人，必须经历每个人独有的感知与解码过程，在受众的再创造中完成文本的最终定稿。而受众的权利恰恰存在于这个或认同或抵抗或妥协的解释过程中，大众对文化的创造也恰恰来自这个过程。只有当外在的画面变为头脑中的图景时，大众文化才能落地生根，欣欣向荣。

不过在受众主动性的限度与解码的自由程度上，伯明翰学派内部向来无法统一，这也为后来衍生出霍尔的结构主义倾向和费斯克民粹主义倾向的分野埋下伏笔。

三、实证与批判——大众传播观与大众文化观的交织演变

简单回顾西方大众文化观的发展史之后，我们会发现在利维斯、阿多诺、威廉斯、阿尔都塞、霍尔、费斯克的思想演变过程中，隐约可以看到与美国经验学派大众传播观应和的轨迹。

众所周知，美国行为主义的大众传播研究以对传播效果的评价为变量，大致可分为魔弹论（皮下注射）时期、弱效果论（有限效果论）时期、适度效果论时期和强效果论时期。

魔弹论的社会背景源于第一次世界大战期间的战争宣传实践，希特勒利用广播、报纸等大众传媒教化纳粹思想、鼓动战争狂热。最早对大众传播效果的研究正是始于对宣传效果的关注，因此认为大众传播具有骇人的传播力量并不奇怪，人们也普遍接受了一种笼统含混但又深信不疑的魔力大众传播观——大众传媒的受众在阅听之后如同中弹的靶子一样应声而倒，态度和行为马上发生转变。

揭去大众传播魔幻面纱的是20世纪40年代末的"伊里调查"。拉扎斯菲尔德等人以雄辩的数据证明大众传播在影响、改变人们的态度方面远没有传说中那么强大。两级传播理论、选择性理论都表明在大众传媒与个人之间存在着群体性阻隔和诸多心理过滤机制，受众可以自主地选择接受和过滤信息的同时还被固有的群体观念和文化所影响。由此对大众传播效果的评价被降到一个很低的程度。

20世纪六七十年代，以议程设置理论为代表的研究成果使得人们重新认识到大众传播较为强大的传播效果，大众传播可能无法决定人们怎么想，却可以轻而易举地决定人们想什么。这个时期的主流意见认为大众传播不会像魔弹那样产生立竿见影的效果，但也不是像有限效果论主张的那么无能。大众传播具有不可忽视的影响，这种影响更多地应该从宏观上和长期上来衡量。

1973年，伊丽莎白·诺尔–纽曼（Elisabeth Noelle-Neumann）以一篇《重归

大众传播的强力观》宣告了强效果论的回归，沉默的螺旋理论再次提醒人们大众传播的基础性作用。与此同时，美国学者的"伟大的美国价值观测验"（the great American value test）似乎也重新证明了大众传播不可低估的力量，推动了大众传播回归强效果的趋势。应当指出的是，这种强力的回归并不是回归到魔弹论时期狂热的恐惧，而是一种理性的回归，指出了大众传播的强大效果依然要通过间接的、复杂的、宏观的、长期的过程来体现。

实际的发展过程远比这个总结要丰富得多，并且仍在进行之中。我们做这个非常简化甚至有过度概括嫌疑的大众传播观的演变展示，不仅是为了说明大众传播观与大众文化观紧密相连甚至是部分重合的关系，也是为了看清学术思想往往要在时代的洗练中、在历史的多重反复之中一同向前。在这一点上，大众文化观与大众传播观有着相似性，因为它们有一个共变量——受众观（大众观）。大众传播观的发展表面上是效果的反复，本质上还是受众观的反复；大众文化观的演变表面上是各种不同的文化观念互不相让，实际在某种程度上依然是对大众认识的纠缠。利维斯和法兰克福学派认为大众是原子化个体，对大众文化产品无力抵御批判，所以才有利维斯精英主义的不屑混杂着担忧，和法兰克福学派对大众被整合的痛心疾首；威廉斯认为文化包含生活方式，并认为大众具有能动力量，所以才有早期伯明翰学派的乐观；阿尔都塞认为大众是意识形态结构中被召唤的个体，除了服从难有自由，所以才有其凝聚结构主义思考的文化认知；费斯克眼中的大众具有强大创造力和抵抗力，所以才敢于宣称大众文化是大众自下而上的斗争武器。大众文化观一直在对大众认识的不断反复中开拓自己的思想进路，并且直到现在都远未到达终点，因为对于受众在意识形态中的能力认识依然存在根本性分歧。

其实除却利维斯主义不谈，大众文化观与大众传播观的各自发展代表了两种研究路径的选择。大众文化观代表的是欧洲的哲学批判传统，主张通过定性方法从宏观角度对资本主义社会传播和文化体制进行分析研究。大众传播观代表的是美国的实证主义传统，重视定量方法，通过对微观现象的观察总结对大众传播效果进行具体的测量和研究。霍尔就曾指出，"欧洲方法是历史的、哲学的清理和推断，给出一套丰富的但是过度概括的假设。美国方法则是经验主义的、行为学的、自然科学的"。

不同的研究方法，基本相同的研究对象，成就了多元繁荣的大众文化与大众传播研究。文化的角度与传播的角度看似互不相干，实际上在许多方面有勾连相通之处，甚至在历史的很多时期都是应和的：利维斯主义认为大众是原子化个体与魔弹论中把受众视为靶子，法兰克福学派倾向大众群氓本质与传播学中受众盲从研究，伯明翰学派的受众解码权利与传播学语境中的选择性理解，霍尔的媒介是现实表征的判断与传播学研究中的框架理论，费斯克大众生产快感的表述与传播学中的使用与满足研究，等等，都有惊人的契合度，不乏呼应与相似。所以不管是从文化角度的切入还是从传播角度的开掘，不管是欧洲的批判哲学传统还是美国的实证主义方法，产生殊途同归的效果，是因为不仅他们面对的是同一研究对象，而且即使有些短时段的错位，但对于漫长的历史而言，必然体现出共同历史阶段的共同社会生活与时代精神。当然，比殊途同归更加重要的是殊途不同归，即不同方法、不同维度切入带来的不同领域的思考有助于我们更加客观全面地把握社会规律，这是从单一视角观察事物所无法做到的多维，也是批判与实证谁都无法取代对方的原因。很多时候，对真理的追寻需要多种角度的尝试，媒介文化与媒介传播相生相伴，互补在一起才成就了一个完满的思想之圆。

# 第三章 汉语国际教育的根本目标的重新界定

我们认为：第一，汉语国际教育的目标不是单一的，也不应该是杂乱的，而是系统的，有层次的；第二，汉语国际教育的根本目标既不是语言学习，也不是文化传播。

## 第一节 汉语国际教育的目标系统

由前面的研究回顾，我们已经看到，几乎每一种语言国际教育的目标都有其合理性。也就是说，这些目标基本上都是值得考虑的。由此带来的问题就是：其一，除了这些目标以外，是否还有其他目标；其二，这些目标的关系应该如何建构。

一、汉语能力获得

汉语国际教育的直接目标自然是使受教育者获得汉语能力。不过，我们以为，如果需要更进一步思考的话，那么，应该是使受教育者"以尽可能小的成本"获得汉语能力。

二、交际能力建构

汉语国际教育不但要使受教育者能够学会"听、说、读、写"汉语，并且还应该具有与中国人交际的实际能力。

三、经济利益实现

"语言经济学"的开拓者美国经济学家雅各布·马尔沙克（Jacob Marschak）于1965年提出，语言除了作为获取信息、交流信息的工具和媒介外，语言使用还具有经济学的本质属性，包括价值（value）和效用（utility）、费用（cost）和效益（benefit）等。语言是人类交际和思维的重要符号系统，由于经济全球化的发展已经形成所谓的"地球村"。各国经贸往来增多，对人们的语言能力的要求也更为提高；任何一种经济活动，都离不开语言。不仅贸易、信息网络和文化交流需要语言，商品和劳务输送需要通过语言传达，技术的分享更需要语言的交流。因此，语言可以说是科技和文化的载体，尤其是在21世纪的知识经济时代中，强调的就是信息化，所谓信息化就是利用电脑和网络对信息进行收集、整理、储存、交换和检索的过程，其中的基本元素也是语言与文字；信息化的过程也就是对语言文字进行科学应用的过程。

就学习者个人而言，汉语国际教育要帮助其实现"个人语言资本"的增值。加拿大蒙特利尔大学经济学教授Froncois Vaillancourt（1989）指出，语言本身是一种人力资本，受教育者通常通过语言这一工具可学会其他知识和技能来服务于雇主、家庭和社会。因此，语言像是其他工作技能一样成为一种由市场来决定其价值的服务。

随着经济全球化和交流的世界化，很多人产生了学习其他语言的需求。具有较高语言能力或掌握多种语言的人往往在激烈的市场竞争中处于有利的地位；同时，也会对其子女和周围的其他人产生示范作用。学习一种新的语言需要努力和时间，但如果其利益足够大，这些努力和时间的付出就是值得的。人们学习外语的原因可能很多，但功利性应该是最基本的动力。换言之，外国人学习汉语如果能带来新的就业机会或商机将会是其强烈的驱动力。尤其是在国际金融疲软的形势下，中国经济依然持续发展，这使得汉语的商业价值和交往价值不断攀升。

就教育方而言，一般来说，语言的经济利益指的是为了满足人们提高语言能力的要求而产生的经济活动以及所带来的经济收益，也就是所谓的"语言教学产业"的利益。其实，除此以外，更为重要的是由于语言而推动的经济利益，也就是有效促进国际之间贸易交流，提高生产力。

语言既然是一种由市场来决定其价值的服务，使用语言就表现出经济的价值；不同语言的经济价值也有差异，在现实之中不同语言是有强弱之分的。一国的语言是该国"软实力"的展现，体现出国家的盛衰，语言的国际传播也会促进该国的国际发展，因此许多国家都在有计划地实施自己的语言战略，努力扩大其语言在国际上的影响力。

四、中国文化传播

中国文化的国际传播是汉语国际教育更为重要而困难的任务。

衡量一个国家的综合实力，除了物质性的硬实力以外，还包括非物质性的软实力。著名西方战略学者克莱因曾经提出这样一个公式：

国家力量=[（人口+领土）+经济实力+军事能力]×（国家战略意图+观测国家战略的意志）

这个公式可简化为国家力量=硬实力×软实力。而美国学者约瑟夫·奈将软实力分为三部分：文化、意识形态与价值观、外交政策。他将文化放在头等位置，足以见得文化是软实力的核心，也因此凸显出文化传播的重要性。

目前国际间除了经济外交与政治外交之外，"文化外交"也成为重要的外交手段之一。世界各国无不借由文化交流建立与他国间的友好关系，进行公共活动。文化外交的内涵中，一个重要形式即"语言文化外交"。所谓"语言文化外交"即以语言推广为手段，对外传播该国的语言及文化；透过教育、文化的交流，提升国家形象，建立彼此之间的友谊，达成文化外交的目的。此一形式在西方诸国行之有年且成效卓著，荦荦大者如德国的歌德学院、英国的文化委员会、西班牙的赛万提斯学院、法语联盟等。

当然提出"重建汉字文化圈"的口号是不适宜的，不但不切合当今世界经济文化发展的基本原则，也非常容易招致他国的反感。

孔子学院是我国在海外设立以传授汉语和传播中国文化为宗旨的非营利性

机构，参考了其他国家推广该国语言的类似机构的经验，为我国语言文化外交的重要窗口。以汉语教学为渠道推动中华文化走向世界，使得世界各国人民可以直接接触中华文化，同时也为中国的文化外交提供了良好的双向平台。一方面是中国输出其语言、文化以及塑造本国的国际形象；另一方面是从与国外进行交流活动过程中吸取其优秀成分，以服务于中国文化及与国际先进的发展水平接轨的事业。

孔子学院可以在文化外交的实践中扮演以下几种角色。

（1）提供本国与所在地人民交流的海外文化窗口。民间交流是文化外交的最基本做法，而要进行文化交流，建立海外文化基地是有其必要性的。借由民间的直接交往将对两国人民的思想及观念造成潜移默化的转变，且这种转变是极为正向的。因此，民间交往的文化影响远大于刻板宣传的影响。孔子学院不仅传授了汉语，更为中外人士提供了多方位交流的平台。

（2）成为我国海外的"公共关系部门"及所在国的"危机处理与应变中心"；维护中国的国际形象。透过文化活动的交流、慈善活动的参与，对该国弱势族群的关心与协助，对各国人民释放善意，打破隔阂、化解冲突，使不同种族、不同宗教信仰的人加深对我国国情的了解与中华文化的认同。更重要的是，孔学学院同时担任"危机处理"的任务，一旦全球各地区出现任何危及国家形象的负面消息，当地的孔子学院可即时掌握实际情况即时回报，并配合驻外单位，从文化交流的层次与角度透过间接、柔软的手段予以化解与沟通。这要比由国务院新闻办发言人出面澄清更为合适。

（3）引进各国优良及创新文化。孔子学院以汉语国际传播为渠道推动中华文化走向世界，让世人更直接地接触中华文化，更有效地了解中华文化。除了"推"的功能之外，另一方面也要扮演"吸纳"的角色，广泛考察所在国的优良传统文化及目前各类创新的文化应用，将之引进国内介绍给国人，彼此观摩学习、交相激荡，正所谓"他山之石，可以攻玉"，使我国人民可以即时掌握全世界各种优美文化及创新思维，始终处于时代尖端，立于不败之地。

五、中外社会互动

不过，汉语国际教育的最高目标并不只是传播中国文化，而是促进目的语社会（中国社会）与学习者母语社会的"社会互动"。

人是社会的动物，社会就是"共享文化的人的交流"。由此而言，语言并不仅仅是一种一般性意义上的人的思维工具、交际工具，更是人类社会的"构成性要素"。这也就是说，其一，没有语言，没有交流，就没有人类社会；其二，这种交流，最重要的是文化的交流；其三，文化交流的基本目的是实现文化的共享，亦即"人与人的互动"、社会与社会的互动。

在"汉语能力获得"和"中外社会互动"之间，我们需要"交际能力建构"，需要"经济利益实现"，需要"中国文化传播"。但是，"中国文化传播"并不一定自动实现"社会互动"。知道了"中国人见面为什么问'你吃过了吗？'""中国菜的特点是什么"，知道了中国社会的发展历史，知道了中国人的生活方式，知道了中国人的价值观，并不一定就能够理解中国人发展的目标、努力与目前还存在的问题，并且对这些问题建立一种"将心比心"的态度。

由此而论，汉语国际教育的目标也许可以定义为五个层次：

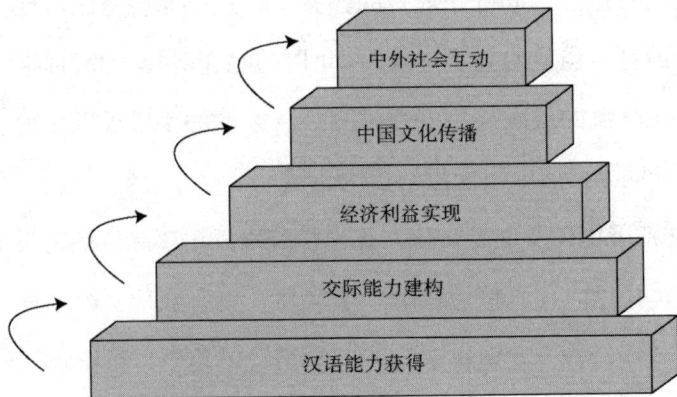

中外社会互动

中国文化传播

经济利益实现

交际能力建构

汉语能力获得

在"汉语能力获得—交际能力建构—经济利益实现—中国文化传播—中外社会互动"的过程中，"汉语能力获得"只是一个前提性基础性的条件，根本目标应该还是"中外社会互动"。可惜，已有的汉语国际教育研究几乎都忽视了这一点。

## 第二节　汉语国际教育策略目标体系的核心

汉语国际教育的目标是一个多层次的目标体系，那么，在"汉语能力获得—交际能力建构—经济利益实现—中国文化传播—中外社会互动"这样一个目标体系中，应该以什么为核心？并且不但要将这一核心贯穿始终，而且还要不断强化？

这更是一个非常需要讨论的问题。

就"汉语能力获得"而言，拉维奇和斯坦纳（Lavidge and Steiner）在1961年所建立的"传播效果阶梯模式"（a model for predictive measurements ofadvertising effectiveness）即可成为汉语国际推广的基本步骤。这个模式可分为6个步骤：获知—认识—喜欢—偏爱—相信—购买（加入学习汉语的行列）。这6个步骤是循序渐进的；前一步完成后，才会进入下一个步骤。这6个步骤可归纳为3个范畴：认知、感情、意愿。其中，从"获知"到"认识"属于认知范畴（cognitive），是关于我们对事物的认识；落实在汉语国际推广的工作中，是如何吸引他国人民关注汉语学习的经济价值、文化价值与政治价值；使原本毫无概念的人开始注意汉语学习的重要。从"喜欢"到"偏爱"属于感情范畴（affective），是关于我们对事物的态度；体现在汉语国际推广工作中，是如何使这些已经注意汉语学习重要性的人，开始对汉语学习产生兴趣。而"相信"到"购买"则是意愿范畴（cognitive），是关于我们对事物产生的行动；在汉语国际推广工作中，是如何使这些已经对汉语产生学习兴趣的人付诸行动，开始学习汉语。提升到另一个层次来说，除了使原本不想学习汉语的人变得想学，还要把已经在学习的人变得乐于学习，更要把已经乐于学习的人变成汉语的自愿推广者。

就"交际能力建构"而言，任何有经验的观察者都会发现语言学习最好的方式不是到学校去，而是与目的语社会的异性恋爱：感情是语言学习、语言交际能力构建最好的推动力，而语言的学习、语言交际能力的构建又是感情深化最好的黏合剂。

就"经济利益实现"而言，越是具有感情，才越容易形成利益共享机制；而利益越是共享，感情越是牢固。就"中国文化传播"而言，越是有感情，就越容易接受与此相关的文化，越是具有文化的了解，越容易变成"同情"的了解。

就"中外社会互动"而言，越是有感情，就越容易互动。根据"情感地缘政治学"的基本观念："9·11"事件之后，当今世界的地缘政治格局，不但不再是只被国家和地区的经济差别所分割，也不再是只被国家和文明之间的文化差别这条界限所分割，而是更多地表现出"随感的冲突"的特征。欧美对于伊斯兰世界的深刻"恐惧"、伊斯兰世界面对西方的深刻"羞辱"、金砖国家越来越强烈的"希望"，凡此种种，情感在重塑我们的世界。

我们生存的这个互相依存、融合一体的世界，真是太难以掌握和理解了。这既是数量问题也是质量问题：我们人类从来没有如此众多的数量，如此广泛的分布，而在生活方式+价值观和环境等方面又如此不同。人们很容易无视这种复杂性的存在。因此，激进主义和极端意识形态的吸引力，就在于它们将世界的复杂性减低。甚至只剩下口号、标语和僵硬的指令。在这样一个世界中，情感是最能让人相信的。

出于这个原因，了解其他文化中的情感，就变得越发重要了。其他人会日益成为我们多文化社会的一部分。这个世界的情感边界变得与地理世界一样重要，而且两者不能够进行机械对比。随着时间的流逝，情感地图将变得合理合法而且必要，就像地理上的地图一样。

法国著名政治学家莫伊西的这些话正是"情感"对于"国际社会互动"关系的最好说明。

汉语国际教育其实正是一种可以影响"情感地缘政治"过程，造就国际社会互动的重要力量。汉语国际教育绝不是单纯的语言教学，更不是仅只希望拓展中国经济实力或是提升中国国际政治地位那么粗浅，其真正的目的应该是在一方面让世人理解中国现阶段许多力有未逮的困难，另一方面在把中国美好的一面传播到全世界的基础上，让全球大多数的民众实行"建设性接触"的多元文化主义，发自内心地"喜欢中国""喜欢中国人民""喜欢与中国相关的事物"，让中国在这个地球村中成为一户受欢迎的居民。

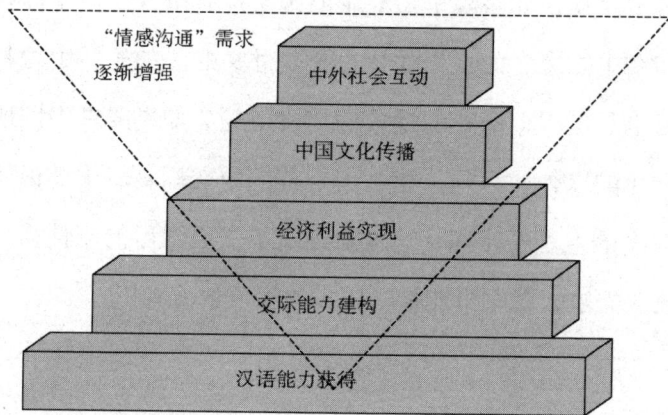

由此，结合有关学者的研究，针对达成汉语国际教育的目标体系中"情感沟通"的目标，特别建议：

——要充分借助国家的"经济市场开发力量"开展汉语国际传播。中国不仅是世界最大的工厂，也已经成为世界经济开发的重要力量。应该做到国家的开发力量（国家开发银行、大型国有企业等）投向哪里，语言教学就跟到哪里；或者说它想投向哪里，我们的语言就先到哪里。语言应该成为国家经济市场、经济资源开发的先遣军，要根据国家开发机构的发展规划，先期进入那些国家和地区开展语言培训。

——要充分借助国家的"外交资源"开展汉语国际传播。在美国，汉语纳入AP考试以后，美国中小学汉语教学的形势立刻发生了明显的变化。教育政策乃至人事劳动制度的变化，当然首先是由该国该地的政府基于当时当地经济文化乃至社会人群结构的变化而决定的。但是，我们相关部门也应该有意识地通过某些合理的渠道，通过当地的侨领、商界领袖等，促成当地把汉语纳入他们的就业资格认证或学历教育体系。

——要更多地运用国家内部的"政策资源"开展汉语国际传播。《中华人民共和国通用语言文字法》已经规定，在中国，我们既有使用通用语言文字（普通话和规范汉字）的表达权，也有使用通用语言文字的接受权。可惜，这一接受权常常被漠视，如医院里最简单的医学检验报告，由于设备多半是进口的，所以打印给中国患者的报告往往也全是外文的。如今，中国是世界上最大的工厂，同时也是世界上潜在的最大的消费市场。如果要求中国所有的进口商除了特别专业化的以外，必须一律配上规范的中文标签、中文说明书，势必就会增加当地对汉语人才的雇佣，这也就创造了汉语学习的刚性需求。而每增加一个汉语的就业需求，就有可能带动更多的汉语学习者。

# 第2篇
## 汉语国际教育视角下的方言

### 第四章 对外汉语教育与方言

#### 第一节 方言与对外汉语教学相关研究

张仲霏的《对外汉语教学与方言环境略论》探讨了三个方面的问题。首先，文章先对对外汉语教学的历史做了回顾及普通话与方言相对立的事实，提出现实汉语不是单一语言形态，而是普通话与各种方言共存。其次，文章分析了影响或干扰对外汉语教学活动的方言因素，也就是方言环境，包括教师和教材以及实际的生活环境。在此，文章选取了对外汉语教材及生活中的实例来做分析。最后，文章提出对外汉语教学语言和教学目标语言的实现需要理论策略的支持，也就是在坚持普通话的理论指导下为留学生适当增加方言知识，以提高他们实际应用汉语的能力。此篇文章主要提出普通话受方言环境的影响，并做了大量的实例分析，具有说服力；同时就普通话与方言并存的事实，提出了在对外汉语教学中的设想，即坚持普通话的主体地位，同时适当引入方言，不过在如何增加方言知识方面没有做深入探讨。

李珉知在《汉语方言与对外汉语教学的关系》中提出，对外汉语教学中应适当引入方言教学。首先，文章论述了普通话与方言的关系；其次，提出了对外汉语教学中引入方言教学的理由，表现在方言与地理环境、方言与民俗文化、方言与文学艺术等；最后，作者提出，"对外汉语教学中适当添加汉语方言的基础能力培训，能明显提高外国学生的适应能力和汉语水平，能满足学生多样化的要求，能够扩大其交际范围。同时，外国学生完整地认识了中国，会愿意成为传播中国文化的使者"。

此篇文章主要论述了汉语方言与对外汉语的重要联系，让我们了解到对外汉语教学中方言教学的必要性，这在今后的对外汉语教学中是值得深思的问题。

程书秋的《地方文化语境的综合利用与对外汉语教学》首先分析了地方文化语境的综合利用在对外汉语教学中的作用：可以缓解留学生的文化紧张心理，可以缩短留学生的文化适应过程，激发留学生学习汉语的兴趣。之后作者分析了在对外汉语教学中应如何利用地方文化语境，他提出："要树立方言意识和地方文化意识，并努力建立一种'课内+课外'的互补式语言文化教学模式。"这在对外汉语教学中具有很重要的指导作用。

刘晓丽、余波的《方言语境下的对外汉语教学》，分析了方言对对外汉语教学的影响，表现在对教学的影响和对对外汉语文化教学的影响，并提出了相应的对策，如提高教师的素质、教材和课程设置上增加方言教学内容等，最后作者提出："在方言语境下，从事对外汉语教学工作，一方面要确立普通话作为标准语教学的主体地位。坚持这一主体性不动摇，另一方面也可以适当地因人而异地保持一定的方言特色。"文章观点新颖，客观分析了方言语境对普通话的影响，并对方言语境下的对外汉语教学策略做了探讨，值得借鉴。

以上文章基本上都是围绕方言与普通话的相互关系和影响，来说明对外汉语教学中，在教授普通话的同时应适当地引入方言知识和文化，以满足留学生交际的需要，同时这也是了解中华文化的重要途径。但是以上文章的不足之处在于，虽然有些文章提出了对外汉语教学中引入方言的一些策略，但是没有表明是引进方言的语音、词汇还是语法等，对此都没有做进一步的探究。而本书的意图就在于通过具体的方言词汇来阐述在对外汉语教学中认识方言是了解中国文化的重要途径。

一、方言与文化研究

王华的《方言与地域文化》论述了方言与地理环境、方言与戏曲小说以及方言与民俗文化之间的关系，对比分析了不同地区由于地理环境的差异、文化的不同所导致的方言的差别。

刘伟希、李建勇的《方言让文化更灿烂》论述了地域方言和社会方言的特点，以及地域方言与文化和社会方言与文化的相互关系，表明方言的存在能有效保护区域、行业等各个领域文化的独立发展，让各种文化元素并存，从而使文化更加灿烂。

以上两篇文章主要是从宏观角度入手来阐述方言与文化的相互关系和影响，没有从微观方面做深入细致的探讨，而且文章中的举例分析没有一个特定的标准，显得零散，说服力不够。

周振鹤、游汝杰的《方言与中国文化》从历史语言学的角度，讲述了方言与移民、人文地理等的关系，同时论述了方言与戏曲小说、民俗等的相互关系和影响，并从栽培植物发展史和对地名的研究透视语言化石化现象和方言文化。本著作主要从历史的角度，对方言的历史形成做了详细的描述，并通过一些实例和现象对不同区域的方言做了对比研究，集中探讨了方言与中国文化的关系。本书的不足正如作者所说，在某些重大问题上没有展开详细讨论，如方言渊源和民族融合、方言与文化的地域差异和时代差异等，这些还有待进一步研究。

邢福义的《文化语言学》分四部分，包括：总论，这章是对文化语言学相关概念的说明和阐释；上编，语言——文化的符号，主要论述语言对文化的作用和影响；中编，文化——语言的轨迹，主要论述文化对语言的影响；下编，是语言与文化关系的专题讨论。这本书的中编第二章介绍了文化对语言地域变异的影响，即文化对方言的影响。这一章节分别介绍了文化对词汇的、语音的、语法的地域变异的影响，并分析了原因。

这本书对文化语言学的相关内容做了介绍，并详细论述了语言与文化之间的相互关系和影响，当然由于侧重点不同，书中对文化与方言的介绍只占很少的一部分，没有深入分析和探究。

张公瑾、丁石庆的《文化语言学教程》介绍了文化语言学的理论与方法和文化语言学的研究与应用。本书分上下编，下编主要阐述了语言与文化结构、语言与物质文化、制度文化、精神文化等的关系。并从历史的角度分析了方言与文化的关系，提出了方言与亚文化是一个复杂的混沌系统，当然这一方面还需进一步研究和探索。

二、我国关于陕西方言的类型学研究

张维佳的《陕西方言综述》总结了从古到今陕西方言研究的成果，认为陕西方言研究可以分为两个时期："一是传统方言学时期，这一时期方言研究主要是为了验证古代文献语言，研究方法多失之零散、静止和片面；二是描写方言学时期，这一时期的研究强调用科学的记音符号描写活的方音，揭示陕西方言语音、词汇和语法等方面的结构规律，为推广普通话服务。"《陕西方言综述》概括了从古到今陕西方言的研究成果，从验证古代文献语言，发展为对陕西方言语音、词汇、语法的科学描写，注重对方言的本体内部进行探索和研究，并呈现了每一个时期的研究成果。存在的问题是陕西方言研究仍然偏向于方言内部结构的分析和说明，将方言与文化结合的研究还较少，没有突出文化因素对方言的影响，仅有的只是对方言史的探究，而缺少地域文化对方言形成的研究。

张维佳的《关中方言的形成及新时期关中方言研究现状》，主要描述了关中方言形成的历史和新时期关中方言研究的现状，揭示了当代关中方言研究的成果和特点，同时也指出了关中方言研究存在的问题。

以上研究的关注点主要还是侧重于关中方言的内部特点规律探索，缺少对关中方言的历史文化方面的研究。

### 三、文学作品中的方言与文化研究

近年来将方言与文学作品结合起来研究方言的趋势有所发展。杨皓翔的《从陕西作家文学方言透视陕西地域民俗文化》，分析了方言与地域文化，并针对具有代表性的陕西作家的文学作品，分析了方言与民俗文化，最后论述了社会文化对方言的影响。这篇文章对方言与地域文化只做了简要的说明，没有深入分析，在方言与民俗文化的介绍中只是展示了文学作品中的某些具有地方特色的词汇，没有对方言词汇做文化解读。

这里主要对有关《白鹿原》中所涉及的方言研究相关文章加以陈述。党红琴、田争运的《〈白鹿原〉中的陕西方言解析》，主要就小说中所出现的反映关中方言的特色词语进行了解释，体现了作品所包含的浓厚的乡土气息和语言特点。

杨姝琼的《〈白鹿原〉物质民俗文化词汇的研究》，则从民俗文化的角度梳理《白鹿原》的物质民俗文化词汇，结合作品中的语言实例，运用文化语言学的研究方法予以解读，以发掘其所蕴藏的关中物质民俗文化的内涵和20世纪前50年关中农村物质民俗生活的整体面貌。

张琼《论〈白鹿原〉与民俗文化》，从民俗文化角度论述了《白鹿原》的创作及其影响。文章分三篇：上篇主要从民俗在中国的内涵、民俗文化、故乡风俗、民俗文化对陈忠实的影响四个方面，论述《白鹿原》这部小说之所以成为关中民俗的一部集成之作的原因；中篇主要写《白鹿原》中出现的具体民俗事象；下篇主要论及《白鹿原》中民俗与小说的遇合。前一篇主要是对《白鹿原》的方言词汇的解析，没有做历史的溯源和文化的解释。后两篇从民俗文化的角度对《白鹿原》做了分析，其中有方言词汇的解释，也有与词汇相关的文化的阐释，但是没有将方言与普通话相联系，重视个性而忽视了共性；也没有提到方言文化与对外汉语教学的关系，而这正是本书所要阐述的内容。

在以上文献中，方言与对外汉语教学研究的文章，基本上都指出了方言与对外汉语教学的紧密联系，强调了方言在反映中国文化中的重要作用。同时有些文章还就如何在对外汉语教学中发挥方言的积极作用，将其纳入文化教学的一部分做了说明。在方言与文化的研究中，则主要是从宏观角度来阐述方言与文化的相互关系和影响，没有深入细致地从某一方面来做分析和说明。陕西方言的类型学研究，主要是对陕西方言的语音、词汇、语法的科学描写，注重分析陕西方言的内部结构，将方言与文化联系起来的比较少，也没有做详细的探讨和说明。文学作品中的方言与文化研究，探讨了方言与文化的关系，有的将方言中的词汇与民俗文化相结合，来解析方言词汇的文化内涵，是我们了解中华文化的重要窗口，但是分析还不够全面。

本书将探讨方言词汇的独特性及其所代表的地域文化，并就如何将方言文化融入对外汉语教学之中做了初探。有着古老文明的西安，承载着深厚的关中文化底蕴，所以对其方言的研究有助于对这一地域文化的了解。同时在对外汉语教学中，汉语学习者在高级阶段必然要接触到方言，适时地对方言进行介绍，可以帮助他们更好地理解汉语和中国文化，提高他们在实际生活中运用汉语的能力。

# //// 第五章　对外汉语教学中的方言文化教学

## 第一节　方言与普通话的关系

普通话是国家法定的民族标准语，其标准是"以北京语音为标准音，以北方话为基础方言，以典范的现代白话文著作为语法规范"。语言规范程度较高，在社会生活中发挥重要的作用。方言是民族共同语的地域变体，为各地域的人民服务，是地域文化的载体，传承了优秀的地域文化。普通话在北方方言的基础上形成，又不断地吸收方言中的优秀成分来丰富和发展自己，在扩展普通话词汇的同时也使方言得以保留，可以说二者相互影响、相互依存、兼收并蓄。

另外，语言与文化密切相关，不管是普通话还是方言，都是文化传承的载体。同样，方言也承载着丰富而独特的地域文化，深刻地反映了具有地域色彩的民俗风情、文学艺术、物质形态等，从而使中华文化呈现出多元化和地域性等特点。由于汉语方言复杂，这就需要大力推行和普及国家通用语——普通话，"从这个意义上说，方言与普通话是一条长河的支流与主流的关系，它们之间总是在互相补充、互相促进。人类的全部文化完全依靠这条历史长河的运载。方言承载的是民系族群的地域文化，普通话承载的是整个民族的大传统文化"。

众所周知，我国是一个多民族、多语言、多文种的大国，有56个民族，80种以上语言，约30种文字。汉语是我国汉民族的共同语。除占人口91.59%的汉族使用汉语外，有些少数民族也转用或兼用，像回族、满族已全部转用汉语。

而由于历史、地理等相关文化传承因素，在汉民族共同语——汉语大的框架之内，又细分了不同的方言。所以，我国又是一个多方言的人口大国。

2000年10月31日颁布的《中华人民共和国国家通用语言文字法》确定普通话为国家通用语言；2001年，《国家通用语言文字法》正式实施，普通话及其书写作为"全国通用语言"被写进法律；我国的目标是，到2050年，基本普及，即95%的人在公共场所使用普通话。而据2004年12月教育部、国家语委公布的"中国语言文字使用情况调查"结果表明，我国能使用普通话人口的比例，全国为53.06%，城镇为66.03%，农村为45.06%，由此可见普通话推广工作之艰难、任务之艰巨。

汉语方言通常分为七大方言：北方方言、吴方言、湘方言、赣方言、客家方言、粤方言、闽方言。各方言区内又分布着若干次方言和众多种土语。仅由现状可知我国汉语内分之多与普通话推广工作之复杂。近些年随着保护方言与推广普通话的矛盾日渐升温，"一文多语"的讨论也争执不已。

## 一、"类差别"与"类等级"

笔者用"类差别"与"类等级"两个词，是因为其能将个中真意表达得更清楚一些。"类"，有一个重要的含义，即"相似""好像"。好像有性别，好像有等级之分，而实际上，这些所谓的差别，所谓的等级之分，只是常人的想当然，他们并没有看到问题的本质，实际上是不能严格成立的。这便是问题所在。

### 1.类区别

有学者说，推普工作和保护方言是怎样的相互矛盾，方言如何在推广的人潮中面临危机，大刀阔斧的普通话推广如何不当，有学者甚至发出质疑："推广普通话难道要以方言的消失为前提？"众多言论无形中已经将普通话与方言相对立起来，这里已经给我们造成了一种先入为主的假象，既定了一个前提，那就是，人家在潜意识中已经这么认为："普通话与方言是不同的，甚至是两个语言系统，是两种'事物'。"好像普通话与方言是两种完全不同的事物，有着自己严格的内涵与外延界定。

方言，是一种语言中跟标准语有区别，主要用在口语上或口头上的地域性或地域性的语言变体；而普通话的定义，则是我们耳熟能详的，它是现代汉语的标准语，以北京语音为标准音，以北方话为基础方言，以典型的现代白话文作为语法规范。纵然两者在定义的界定上有着严格的不同，然而，有一点我们必须牢记，它们是同一种语种，即汉语。从方言的定义上也可看出，方言只是汉语在口头上和地区性、区域性的一种语言变体。"万变不离其宗"，不管随着时间的变迁、空间的阻隔令其形态如何不同，它终归属于汉语的语言体系，这一点毫无疑问。而普通话，只是汉语体系中的标准语，是一个大家借以沟通交流的标准，是一种整齐划一的形式。甚至可以说，它是从我们所有方言中抽象出来的一个融合体，当然其中能体现各方言特点的比重当另说。普通话是汉民族共同语的标准语，也是中华民族的共同语。既是"共同"，又怎会脱离了各地区的方言而独立存在？

"汉语，可指共同语，可指方言。"这里的"共同语"，我们便可理解为普通话了。既同属汉语这一大语种，同属于汉族语系，同祖同宗，本就是同一事物，怎可对立？其次，汉语作为汉民族文化的基本特征，更多地表现于它的"书同文"，而非"语同音"。这也是普通话与方言的差别关键所在了。七大方言区，众多细分的次方言区，不会有与之相应的众多文字体系，总是诸多方言存在，文字系统只有一套，即汉语——普通话所规定的汉字的文字系统、表达系统。这也很能说明问题。其实影响各方言区域人们交流的主要是口头的表达，即口语化的汉语，也就是对于普通话发音的不同。这纯属语音学的研究范畴。虽然各地语音变迁自有客观历史规律所在，但若不是内行人，岂能看出门道所在？无奈便只好同样的字，用不同方言读之，便可相差万里，如何能不影响交流？普通话有简单的四声，而福州话有八声，这让习惯"阴阳上去"的人们如何去明白、如何去辨明？记得曾有福建龙岩的朋友，简单的"再见"二字，在他们客家话中，从来都是读作"zai ji"，这让不懂语音规律的人，可如何是好？而各地的语音演变又概是经千年而传承，所以这又涉及有关语言的历史性问题，问题连问题，所以方言的问题不可简单对待，需慎重又慎重。

有些方言，之所以在普通话看来不顺甚至不通，只是构词结构问题，对于同一个事物，普通话这样说，而方言可能是另一种表达，甚至所有字、音皆同，只是字词的组合不同而已。这样看来，所谓普通话同方言的区别，其实只是停留在语音、字词结构、字词搭配等的表征迹象上，本质上并无太大的差别。毕竟它们"本是同根生"，都是我们至亲的母语，都是我们引以自豪、终身热爱、承载了我们中华文化的功臣——汉语。

2.类等级

这里主要谈的是一个语言歧视的问题，也可以说是语言等级的问题，虽然笔者向来不同意"语言有等级之别"之说。

其实从理论上来说，语言交流应是彼此平等、互相影响的，每种语言都有平等挤进"中心"的权利，不同文明间的交流也应该对等地相互吸收"外来语"。然而事实上，就像学者雷颐所说，语言也是十分"势利"的，如同流水，也是高往低流，根本不可能完全"平等"。语言发展演变的历史也表明，"外来语"更多的是"先进"的"中心"向"落后"的"边缘"渗透、侵入，逆向流动者绝少。由其分析可以得知，语言的流动、沟通、交流，在很大意义上其实是"单向"的，这主要是在说语言外部的不对等性。

由此推理，在语言内部，即所谓的"一文多语"中，其实也存在着这种所谓的语言不对等的"势利"。即在一国之内，往往是政治、文化中心或经济发达地域的方言才有权变成"'白'话""普通话"，其他方言只能蛰居"边缘"，难登大雅之堂。我们的普通话"以北方方言为基础方言"，其实也正是这一典型的表现，以北方文化圈为中心的方言，纵观历史，多是历代政治中心、文化中心，甚至经济中心。北方的语言显然得益于权力的分配。意大利语标准语的形成其实也是很好的证明。意大利语来自佛罗伦萨，源起于但丁的《神曲》。用余华的话说，"但丁的天才使一个地方性的口语成为完美的书面表达"，是但丁成就了意大利语言历史上的璀璨。

语言的权力性无形中成了很多人内心的硬伤。于是，打工的外乡人不敢说自己的方言，生怕被人笑话；进城读书的乡里娃也不敢说自己的土话，内心惧怕被人传作笑谈。而随之渐生的，还有某些方言地区人们的自傲。像生猛的粤语，傲劲儿十足的北京话，开放的上海话，豪爽的东北话，骂人古色古香的湖南话，短平快的河南话，略带发嗲但听着痛快的四川话……在巨人的国家里，显然无形中已经形成了几大方言的话语霸权。

其实我们往往忽略了这种方言不对等甚至方言歧视背后的东西，那便是隐匿其中的政治、经济、历史、文化甚至人口问题。周振鹤曾说过，"方言并无土洋高低之分"。但人们还是更愿意选择普通话，因为在某种意义上，它代表着文化上的高档层次。其实语言也是一个包含了社会因素的立体结构，从中我们解剖出很多社会性的问题，这要看我们选择了什么角度。北京话的傲气十足，显然来自它的政治话语霸权地位；上海话的开放，显然来自其巨大的经济实力，它是"东方巴黎"；四川话的流行，显然与其人口大省的基因有关。如此种种，还可举出很多。方言，已经不单单只是方言，已经成了一个巨人的武器，助推，或是妨碍，折射出一个地区的社会发展水平，是一个地区极好的文化代言。

此外，有一个语言巨人的助推力被略去了，那便是强大的体制。我们处在一个现代化的、高度文明的社会，我们要力求与国际接轨，我们要参加"国家普通话水平测试"，我们找工作要讲普通话，学习、生活，与外乡人交流，离不开普通话……这里衍生出太多的问题。即要高度现代化，语言是一个难以逾越的重头戏。我们从小便被告知"要讲普通话，做文明人"；无数家庭里发生着让后代说方言还是讲普通话的文化之争,《金婚》中婆婆与文丽对于燕妮的语言之争就是典型,婆婆觉得四川话好,在家中"教唆"孙女讲四川话,而孙女也乐意为之,但文丽以燕妮在学校讲话受歧视为由坚持让燕妮学普通话,硝烟味也就弥散开来。"小孩子不会说家乡话",上海人、杭州人、苏州人、宁波人都有这种感觉。据浙江金华一次方言调查显示,在6岁到14岁的孩子中,几乎所有的人都会说普通话,但52.03%的人完全不会说金华方言,能用金华方言较好交流的仅占22.65%。长此以往,正如媒体人刘洪波所言,"当所有孩子都习惯用普通话来思维的时候,方言将不再是汉语文化丰富多彩的证明,'天然合理'的标准语言将使得地域性的文化机趣、表达个性和精细入微的语言世界荡然无存"。

### 二、相学相民

方言与普通话是并无根本对立的,反正,两者同祖同宗,可谓"亲上加亲"。

#### 1.方言语词丰富了普通话的词库

不难理解,方言为普通话提供了丰富的养料,王蒙先生也认为方言是活的语言。任何事物都是在永远发展的,语言也不例外。至今,普通话仍源源不断地从方言中吸收各种词汇,使之表达更为生动。如果将东北话"忽悠"换作"欺骗",相信人们也不会对"戏谑的欺骗"——"忽悠"兴致这么高了,"卖拐、卖车、卖担架"系列的"忽悠"小品也不会那么"民生"了。另外,诸如北京话的"哥们儿""巨""倍儿",吴侬软语的"欢喜侬",山东话的"拉呱",粤语的"买单""打的",东北话的"忽悠""咋整"……这些好多都已成为大家知晓的常用词。同样的意思,方言词往往能比普通话表达得更为传神。

作家苗得雨曾在文中提到,通用语中差不多有三分之一或四分之一是各地的方言,有些土语本来很文雅,是在使用中说土了,如在山东老家,称双胞胎为"双生"，并且还是"双胜"音的平仄结构；再有称懒人为"懒健气"；有些方言词，则是写出来后也很文雅，如"漆黑"作"糊黑"，"月亮地"为"月明地"，等等。再如河南话，儿子半夜解手（上厕所），老子闻声询问，全部的对话只有四个字：谁？我！咋？溺！媒体人李雾称，"真是刮拉松脆"。这样看来，方言的加入，的确有利于语言不单调、不干巴。

2.普通话更好地表达了方言

任何两个事物的作用都是相互的。方言在丰富充实普通话的同时，也表达了自己。若是不用普通话借以标出，借以书写，怕是好多方言词汇都将失传。语言无法被书写，那么一个地域的文化将无法被解读，口口相授的传播方式毕竟有限，而只有文字的，才是永恒的，"语言易变，文字守恒"。媒体人梁文道曾说："许多方言都遗留了大量古风、古代的文化历史讯息，同时又有许多鲜活的地域风俗。"方言承载的东西太多，它可以代表一种地方主义的乡愿心态，可以成为一个族群的、政治的表现方式，可以代表一种独立的生活方式，甚至可以化作一个地方的百科全书。可想而知，若不能进入一个地区的方言，那么文化的缺失该有多么可怕！

展现方言最多的，莫过于文学作品。然而对地方作家而言，写作中的方言俗语只能适量。于是这就有了学者李欧梵的观点："如果要充分显示方言的力量，白话文是不足的，必须在文字上制作方言。"也就是说，必须要有更好的方言的表达，方言语词、方言现象，必须要有与之相应的字词结构来对其进行展示。而这个责任非普通话莫属，也独普通话所属。

客家地域有俗谚：宁卖祖宗田，不卖祖宗言。我们从中读出客家人所具有的"格外顽强地坚守文化疆界的能力"。"少小离家老大回，乡音无改鬓毛衰"，我们从中读出中华儿女那种根深蒂固的"乡土认同"与"落叶归根"情结。乡音，竟成了恋乡的一个象征，就像荆水鸣在《口音》里说的："乡音是你的根，是你的魂儿啊！"这隐藏在方言背后的巨大的文化背景，深邃地等我们有更好的语词去表达，有更好的能力去发掘。而这一切，有待于普通话与方言的某种博弈。

### 3.方言对中国现当代作家的滋养

王蒙先生曾在《汉语写作与当代文学》一文中提及，作为当代人们的活语言之一，各地的方言是文学语言一个很好的资源。

早在五四时期，白话文的创导者胡适先生就曾对方言文学有所期许。他说："今日的国语文学在多少年前都不过是方言的文学，正因为当时的人肯用方言作文学，敢用方言作文学，所以一千多年之中积下了不少的活文学，其中那最有普遍性的部分逐渐被公认为国语文学的基础。""方言的文学之所以可贵，正因为方言最能表现人的神理。"可见胡适对方言、对文学的认可。

方言作家的典型代表如北京味的老舍、"新京派"代表作家王朔、陕西信天游式文风的贾平凹、吴侬软语的上海话代表王安忆，等等。胡适还说："中国各地的方言之中，有三种方言已产生了不少的文学。第一是北京话，第二是苏州话吴语，第三是广州话粤语。"由此可见方言对于文学的影响，足证其重。

### 4.方言代表的地方戏曲与文化

方言也是一种文化，"很多地方的戏曲和曲艺是不能离开方言的。用普通话唱不出那个味道来。"王蒙先生曾如是言。据2005年国家重点科研项目"全国戏曲剧种剧团现状调查"的统计数据显示，我国传统戏曲艺术在许多省份正以每年至少消失一种的速度锐减。如素有"戏曲之乡"美誉的河南省，原有地方戏曲剧种约65个，目前仅剩30余个剧种，除豫剧、曲剧和越调仍广泛流传外，其余30多个剧种已濒临灭绝。剧种面临的问题在全国好多地方都已出现。

方言是地域文化的基础，中国数百种地方戏曲和说唱艺术形式都是以当地方言为依托的。"念"是方言的音韵，"唱"是便于方言音韵表情达意的声腔体系。若不懂方言，就不能很好地体味地方戏的个中滋味。方言是地方戏的基础性前提。方言若衰落，以其为依托的地方戏必会衰落（现在的年轻一代早就与戏曲"绝缘"），地方戏衰落，随之衰落甚至消失、衰竭的将还有地方的文化。地方戏作为文化的一种表现形式，本身已经承载了很多文化的东西，很多剧种是某地的独有。一种文化形式的形成与兴起，必有其一定的历史渊源。若长久以来形成了文化衰亡，那么倒下的有可能是一座文化的帝国。地方戏是五千年中华文明的一个重要组成部分。所以保护方言，正视方言，从某种意义上说，就是重视我们的戏曲，重视我们自身的文化。

三、"此消彼长"还是"自衰自亡"？

近些年，随着对方言问题的关注度提高，国家似在有意放宽对方言使用的限制，普通话与方言的博弈力量有所变动，由原先的"扼制与被扼制"向一种趋近于"此消彼长"的方向转变。一时间，方言重新热起来。仿若一夜之间，方言现象充斥了长城内外，走红了大江南北。

1.方言电台、电视台

2005年，齐鲁电视台开播了济南方言的《拉呱》栏目，自此，收视率节节攀升；而据2006年4月新加坡《联合早报》报道，成都的《阿聪读报》《吃在成都》等四川方言节目很受欢迎；宁波方言新闻节目《来发讲啥西》自开播以来，已成为当地有史以来收视率最高的电视台；广东电视台下属四个频道中有三个是粤语频道，广州电视台的粤语新闻，平均收视率高达9%或10%，而普通话新闻最高收视率却只有1.6%，两者形成鲜明对比。

2.方言电影、电视剧

《疯狂的石头》《爱情左灯右行》《斗牛》等影片中，黄渤的表现无疑成了一个焦点。有人说，黄渤为家乡做的一个最大的贡献就是"推广了青岛话"。是的，影片中青岛话的大量介入，使得影片中加入了很多比常态电影更多的东西，如有关母语，有关方言。

《武林外传》《炊事班的故事》风靡全国，也成为当下社会影视圈的一大亮点。各种方言交叉，关中，陕南，陕北，《武林外传》中出现了10种以上的方言，这是方言的"百花齐放"，简直就是一部方言作品的奇迹。

### 3.方言喜剧、小品

受到全国亿万观众喜爱的喜剧、小品中，也多有浓厚的方言色彩。能在全国走红的喜剧、小品，多是借助于春晚这个"造星平台"，而既然方言小品十几年来经久不衰，也能说明观众对这种流露出浓郁地方色彩的语言的喜爱与认可。这也是前面提到的赵本山"忽悠系列"作品成功的重要原因。

此外，说唐山话的赵丽蓉，说陕西话的郭达，带湖南腔的大兵，讲上海话的严顺开，东北话代言人赵本山、潘长江……就方言而言，他们无疑都是家乡的功臣。方言台的活跃，也说明了群众对这种活语言的真诚喜爱。毕竟活语言来自大众，而又是放到了大众的舞台上——典型如春晚。

### 4.方言歌曲、方言广告

前些年流传的闽南语歌曲《爱拼才会赢》，几年前的《东北人都是活雷锋》，一直流传甚广的众多粤语歌曲，粤语明星王菲、刘德华，都是方言歌星的代表。在哼唱其歌曲旋律的同时，往往还要咬准字词的发音，吟唱的同时也能感受到一种异样的曲风、异样的文化感染。如今利用方言在电视台、广播电台做广告的很多，像河南话的"中"、东北话的"贼好"、北京话的"真牛"等，虽无非都是些夸奖话，但因是方言，故总能让一些广告受众有亲切感和归属感，也便产生了很好的广告效应。粗看来，似乎方言话语无处不在，电视、电台、影视剧、歌曲、广告、明星……最容易侵袭我们日常生活的方面，方言似乎都已涉足。方言大兴，岂不乐哉!可是细想来，借用历史眼光，"热读"这些事实之后，再来"冷观"其真正的问题所在。方言台、方言话语越活跃，越热闹非凡，恰恰越是反映了方言的逐渐衰落与流失。

我们且看这些方言大兴的动机与标准：

（1）商业化操纵。电台、电视台对方言台的开通及维护，显然是在受着收视率这一经济杠杆的调控。一切唯收视率是图。因为这才是电台、电视台运营的目的所在，这才是盈利之根本。为商者，根本在于利也。众多电台、电视台之所以开办方言台，绝非只是因为国家放松限制，出于保护方言的动机而大肆操作，最根本的还是在于观众的接受为他们带来了巨大的利润，经营可能出现了转机。

（2）门外化倾向。方言台、方言话语成了一个噱头，借以吸引大众眼球，按照观众喜爱的模式，遵从大众的审美口味，很好地把握了受众的心理，并根据听众和观众的反馈及时调整方言策略，真正地迎合大众需求。为此它们不惜将我们反映地域文化的瑰宝——各路方言另类化、平民化、娱乐化。搞笑、原生态与现代传媒复合，这一复合体变成了观众的至宠，从而变至喜闻乐见，变得习惯。

至此可以得出结论，我们的方言所处的境遇，总体而言，还是很悲哀的。欲广，路却不正。但是，有一点可以认可，方言发展停滞甚至几近灭绝的现状，普通话的推广是最大推手。所以还是回到开头的问题，在推广普通话的过程中，一定要先摆正方言与普通话的关系。两者实为辩证统一于我大中华的语言系统中，两者同宗同源，但各有长短且形式大不相同罢了。因此，国家在制定语言政策时，不可有所偏重地大刀阔斧，而应充分考虑到我国的语言实情，一文多语，不可偏失任何一方，而是各有取舍，各有倡禁。如此，方可实现我国语言社会的和谐，也算是为和谐社会之进步锦上添花。方言与普通话两者"本是同根生，相煎何太急"！

## 第二节　方言文化是中华传统文化的重要组成部分

语言是文化的载体，方言是在特殊的传统文化背景下孕育形成的，是传统文化的载体，有着悠久的历史，承载着丰富的文学、文化底蕴，是中华文化的重要组成部分。李如龙先生曾说："研究语言，不了解民族文化就不能有真切的理解，研究方言也必须关注传统文化。"

陕西是中华民族古老文化的发祥地之一，关中地区又为多个古代王朝的建都之地，是政治、经济、文化的中心。历史上长安曾是中华文明及东方文明史上最负盛名的国际化大都市，尤其是丝绸之路的开通，使其一度充当着世界中心的地位，吸引了大批的使节和朝拜者的到来。如今的长安不仅是一座有着悠久历史的文明古都，也是一座现代化都市，而这一地域深厚的文化底蕴和城市文明发展与关中方言文化密切相关。对这一传统文化的了解和认识，可以使留学生更加深入地了解古都陕西的历史文化乃至中华文明的渊源。

一、形成汉语方言的社会历史文化背景

语言的产生和发展离不开社会历史文化的背景。汉语的产生和发展，更是离不开社会历史文化背景这个前提。汉语方言自古有之，先秦时期的一些典籍文献，就反映出在诸侯割据、社会分化、国家未能统一的历史条件下，"五方之民，言语不通，嗜欲不同""诸侯力政，不统于土……言语异声，文字异形"。可见在秦始皇统一六国之前，各"国"都拥有自己的语言（方言），而且差别很大。而这种"言语异声"的局面，正跟"嗜欲不同"的社会文化密切相关。语言或言语一旦形成之后，就成为使用这种语言（方言）的群体所共享的习俗，它既是文化的载体，也是文化的一部分。尽管国家政权可以统一，体现不同社会文化的言语习俗却会在不同地区长久地延续下去。因此，在秦始皇统一六国，"六土毕，四海一"的情况下，各地语言分歧的现象依然如故，并没有跟着统一起来。以至随着社会的发展和汉语的发展，人们对先秦典籍中的语言文字日益感到生疏难懂。在这种背景下，兴起了一股竞相解释先秦典籍的风气。例如对《诗》《礼》《公羊》《谷梁》《淮南子》等进行笺注，反映出在先秦社会历史背景下的文化走向。我国最古老的传统语文学科"小学"——训诂学由此而产生。经师们在解说典籍时注意到存在不少各地语词语的事实，后来扬雄撰《方言》，汇集周朝末到秦汉间各地的语汇11900多字，内容包罗万象，使我们看到了当时纷繁复杂的语言分歧现象，从中略窥出地方语词语中蕴含的社会文化面貌。当今分布全国的汉语各地方语也都各有其社会历史文化的背景。要研究它们的历史发展进程，非认真了解、掌握各语言通行地域的社会历史文化不可，这样才能达到追根溯源，客观、科学地揭示出语言历史发展的目的。这里就以粤语和客家语为例，看看历史文化背景在语言形成发展中的作用。

先看粤方言。现代粤语通行的地区，在古代是所谓蛮夷之地，居住着一些土著民族，春秋战国以后有"百越"之称，"越""粤"相通。古代百越的范围很广，广东属百越中的南越，据民族学家研究，粤语地区的古越民，主要是现代壮族、黎族人民的祖先，那时候这些地方只通行当地的壮语或黎语。只是到了中原及其他地区的汉人南下进入岭南地区以后，中原汉人所操的汉语才可能进入岭南，也才会有粤语这支汉语语言开始在岭南地区逐步形成、发展起来。随着秦灭六国派遣大批将士南来，中原汉语自然就在岭南地区广为传播。秦汉时期的大规模移民无疑对粤语的形成和发展起着十分重要的作用。而古籍中记载的史实更说明早在周代以前，中原汉人已经涉足岭南，与岭南土著、当年百越中的一些族类有交往。粤语产生的源头，最早可以追溯到秦汉以前。当时南方湖南、江西、广东、广西以至福建、浙江、江苏、安徽都属楚国领地，随着楚人的统治，古楚语随楚人的南下在岭南传播，并对当地土著语言产生影响。在语言的接触与融合过程中，古楚语与古越语逐渐形成与发展成为一种新型的、混合着古楚语和古越语某些特征的古汉语地方变体——粤语。其后随着秦始皇平定南越，大批军队带着中原汉语远戍南来，后来秦将赵陀又自立为南越王，定都番禺。赵陀子孙五代治粤共93年，这期间汉越语进一步融合，原先以古楚语为基础形成的粤语雏形进一步渗入中原汉语元素，增加了不少汉语的共同成分，特别是书面成分，向着中原汉语成分日益增多的方向发展，便逐渐形成了一种既体现中原汉语的强烈影响，又保存原有古楚语、古越语某些因素在内的语言。从此粤语开始从萌芽状态走上了独立发展的道路，最终成为今天糅合着中原汉语和古楚语、古越语的岭南大语。到了宋代，这种粤语与中原汉语明显存在差异，与现代粤语已基本相同了，这就是不少人把宋代作为粤语形成时期的原因。尽管粤语的形成可以溯源到秦汉以前，而作为现代粤语基础的确立，却是唐宋之际的事。粤语经过漫长的形成发展过程，最终成为两广地区最主要的汉语语言。近代随着岭南地区对外交通贸易的拓展，移民海外的人逐渐增加，其中散布各地的华人又以广东省的最多，他们带去的乡音使粤语成了海外华人社区的主要交际工具之一。

再看客家方言。各地的客家人都是历史上从外地迁入的。客家族群和客家话的形成最突出的社会历史文化背景就在于"移民"和"迁徙"这两个关键词。弄清楚客家先民如何进入现今住地的问题，也就同步解决了客家话的形成和发展问题。因此，对客家话形成发展问题的探讨，总是被拿来作为研究语言的历史发展，一定得联系使用这一语言的人民的历史来研究。各地客家话的一致性都很高，共性多而差异少正是客家话的一大特色。不少语学者都认为，研究客家语实际上是了解客家历史文化最重要的途径。客家人很注重保持客家固有的风土习俗，有"宁卖祖宗田，不卖祖宗言"的祖训。这就使得遍布全国八个省和海外许多国家华人社区的客家人，始终能用彼此很接近的各种客家话相互沟通。客家先民最早的住地，据著名历史学家、客家学家罗香林教授的论证，是在北起并州上党，西届司州弘农，东达扬州淮南，中至豫州新蔡、安鲁。即汝水以东，颖水以西，淮水以北，北达黄河以至上党，皆为客家先民住地。最早来自中原地区的客家先民，经历五次大迁徙，才形成今天客家及其语言分布的局面。这五次大迁徙的路线如下：第一次从今天的山西长治启程，经黄河、依颖水顺流南下，经汝颖平原到达长江南北岸；或者由今天河南灵宝等地出发，依洛水，越少室山至临汝，亦经汝颖平原到达长江南北岸。第二期迁徙，远者多自今河南光山、固始及安徽寿县、申阳等地，渡江入赣，进而迁入闽南；近者自赣北、赣中迁入赣南、闽南或粤北边界。第三期迁徙，则多自赣南或闽南迁入粤东或粤北。第四期迁徙的目的地很广，大都起自粤东粤北，迁入粤中及沿海地区和四川东部中部，以及广西苍梧、柳江所属各地，也有进入台湾新竹、苗栗、彰化等地的，还有从粤东嘉应州和赣南、闽南迁入赣西及湘南湘中的。第五期迁徙，多为自粤中粤东迁向粤西的高州、廉州、雷州等地，远一点则进入广西钦州，或跨海进入琼州（海南岛）。客家话是源自中原地区黄河流域的汉语，在客家人历次南迁的过程中接受所到地区语言的影响而形成自己独特的面貌。但客家话较之其他南方方言，是比较接近北方方言系统的。至于在后来多次迁播中陆续进入南方各省以至越海进入台湾、海南的，则难免受到周围语言（方言）的影响而有所变异。但各地客家话都显示出同多异少的客家话特色。

二、汉语方言和传统文化的关系

只有把语言和文化放在一块儿来考察，从语言和文化的联系入手，把两者之间的关系弄清楚，才能深入认识语言、认识文化。文化是靠语言来记录、来表现的，但在语言记录文化的过程中，文化同样也是会影响语言的。因此，我们在看待语言和文化的关系时，还应该看到语言与文化存在的这种相互影响、相互制约的双向关系。相互制约在很多场合表现为一种"互限"，这种互限体现在人们的社会语言生活中是非常普遍的。拿语言影响文化来说，有一些同音语词的应用就往往会影响一些特殊生活习俗、文化心态的产生和发展。"人生自古伤离别"，由于"梨"和离别的"离"同音，有的地方在某种和睦欢聚的场合，就不大愿意以"梨"飨客，甚至忌讳把"梨"切开来吃；由于"苹果"的"苹"与"平安"的"平"同音，人们探视病人时，送上的水果又总是首选苹果。在当今语言或方言应用多元化的社会中，我们强调必须有一种大家共同掌握、使用的社会通用语，其中最重要的原因就在于共同的语言会带来共同的文化、共同的凝聚力。同一个民族、国家的人民，在使用同一民族共同语的过程中，总是会不断赋予该民族语言以独特的民族文化特征，使之能够更好地适应本民族人民的风情习俗和心理状态。与此同时，共同的语言又约束、影响着使用该语言或方言的每一个成员，形成一种维系民族统一的凝聚力和归宿感，从而形成一种共同的思维模式和认识世界、改造世界的共同方式，促进独具特色的民族文化的产生和发展。另一方面，文化对于语言的影响和制约，更是处处可见。汉语从古代汉语发展到现代汉语，记录和反映着不断发展的中华文化，同时也接受着文化的影响和文化的制约，深深遗留着不同文化的烙印。例如，在汉语词库中，中古时期佛教文化东传来华时，汉语就增添了不少反映佛教文化的词语；近代我国海禁大开，对外贸易和文化交往日渐增强之际，大批反映域外文化的外来语词又蜂拥而来，使汉语词汇中出现了不少新面孔。当今语言研究中的比较语言学，无论是拿同一时期的不同语言做共时比较，还是拿不同时期的同一语言做历时比较，实质上语言的比较都包含着文化的比较。外国学生到中国来学习，首先必须过的是语言关。而在学习汉语时，他们往往遇到一些不容易理解的问题，恰恰就是文化差异在语言上的反映。如果不考虑中华文化对中国语言的影响和制约，语言教学就难以达到理想效果。因此，我们在给跟我们在文化上有较大差别的外国学生教授汉语时，就非把中华文化在汉语的烙印做必要的阐明不可。实践证明，在文化对语言的制约与影响的问题上认识越深刻的教师，就越有把握能够在汉语教学中取得更好的教学效果。

文化对语言的影响是多方面、多层次的，这既反映在文化对语言体系的影响方面，也反映在文化对语言应用的影响方面。就文化对语言体系的影响而言，在语音、词汇和语法各方面都有所表现。文化对语音体系的影响表现在因语言接触产生语言借用，导致影响语音体系的变异。例如在广西壮语的声调中，有33，31，53，55四个声调就是借入汉语语词后才出现的，没有两种语言的接触和交融，是不可能出现这种改变音系构成的现象的。又如汉语在运用带有表区别成分的"有标式"和没带表区别成分的"无标式"时，表男人的一般都用"无标式"，用不着加上"男"字，在表女人时却往往要用"有标式"：教师—女教师，运动员—女运动员，司机—女司机，作家—女作家……但在医院里，女护士用不着加上"女"字，而男性护士，人们却常说"男护士"，这同样是文化取向的影响，因为护士一般都是女性充当的。再如我们的语言很重视语序，在比较不同语言的语序差异时，也不免存在着文化心理上的因素。计算时间我们习惯于从年到月到日，这跟中国传统文化"从大到小"的观念相联系。西方的时间排序是从日到月到年，这大概又是另外一种从小到大的文化心理的反映吧！

文化对语言应用的影响无处不在。最明显的是语言用户存在着不同的社会特征，包括性别、年龄、职业、经历、修养、性格等等，这些反映不同文化素养、不同社会心态的因素，时刻制约着、影响着语言的运用。同一个概念的表达，在不同人群的嘴里说出来，所用的语言形式可以有很大的差别，人们往往可以从中判断出说话者是城市人还是乡下人，是知识分子还是普通市民。言语形式的选择应用多少也能反映出说话者的社会地位和职业，以至于脾气好坏、道德高低、性格类型等等，因为正是每个言语使用者的社会文化特征左右着他在言语交际中对语言形式的选择，这些都是文化制约语言应用的明证。此外，长期积淀形成的思想意识，以及由此而产生的种种社会制度、宗法制度等对人们的社会心理、价值取向关系至大，也都是直接影响到语言应用的文化因素。尽管新的媒介手段在现代信息化社会中层出不穷，但人类语言始终是最方便、最常用的媒介手段。文化的生命力就在于传播，语言对文化的传播起着必不可少的作用，语言是文化赖以生存的力量。语言记录文化，在记录文化的过程中还可能会影响文化；而文化是需要语言来承载的，它又影响着承载它的语言。以汉民族共同语为主流的中华传统文化，跟古今汉语包括其书面语言汉字之间存在着千丝万缕的关系，而作为汉语地方变体的各种汉语地方方言，承载、记录着作为中华优秀传统文化重要组成部分的传统文化，同样也体现出语言（方言）与文化间千丝万缕的关系。这些关系，我们在考察传统文化的特色时，是应该加以充分重视的。例如，闻名海内外的客家山歌，是客家传统文化的精彩表现。

语言和方言都在发展之中，主流文化和传统文化同样也在发展之中。发展的趋势必然导致语言与文化的关系日益多样化，我们必须跟进语言或方言与文化的发展，从动态中认识语言或方言与文化。

三、传统文化在汉语方言中的反映

汉语方言之间的差别表现为语音、词汇、语法的差别。其中词汇的差别最为引人注目。究其原因，一是由于词汇是语言中最活跃、最易变的部分；二是由于传统文化依靠地域方言来表现、来承载，传统文化中种种具有特色的东西，从物质文化到精神文化，从有形文化到无形文化，最直接、最明显的就是通过方言词汇来反映的。因此，我们在列表比较各种不同方言的词汇时，表面上是词汇的差别，实际上也蕴含着文化的差别。例如，同是形容人的外貌"美"，在不同方言中就有种种不同的词汇，如好看、标致、受看、好瞧、俊俏、袭人、俏、雅、靓、俊、水、帅等等；同是称呼父亲，不同地域方言中就出现几十种不同的词汇，如爸爸、爸、爹、爹爹、伯、伯伯、爷、阿爷、叔、阿叔、大、阿大、大大、伯爷、阿哥、老豆、老父、依爷等等。地域方言词汇上的差别，其中不乏明显表现出文化差异的内容。

各地方言都有一些反映不同地理环境的词语，体现地理文化特色。例如广东的粤方言中，就有一些与水相关的词，如涌、洛、沥、幽等，用在地名上就显示出粤语地区的水乡特色。广州市就有好些带"洛"的地名，如新洛、厦洛、沥洛等等。同样是用于地名的词汇，闽语中常见"肝"字，北方话中常见"堡"字、"庄"字。在农村，到定期定点进行买卖交易的街市去，北方话叫"赶集"，粤方言却叫"趁墟"，这类不同的用词，无疑都有一定的历史地理文化背景。北京城有无数"胡同"，上海市有许多"弄堂"，广州市有不少"小巷"，这属于同一事物的"胡同""弄"和"巷"，不同叫法也必有不同的缘由。再说，有些地名，从字面义就知道有一定的来历：香港新界的"火炭、沙田、马尿水"，九龙城内的"界限街、宋土台、天光墟"，以至繁华地带"旺角、尖沙咀"。这些香港粤语承载下来的本地地名，要问起老香港来，准会给你道出饱含地域历史文化的答案。我们不是把清明扫墓叫作"拜山"吗？这也是一个因应南方多山，祖坟都安葬在山上而产生的方言词，北方的祖坟不在山地，也就不会有"拜山"一词。

　　传统文化中大量属于不同地区人们在长期的社会生活实践中积累下来的对世界、自然、事物的不同认识，以及由此而形成的不同心理状态和风土习俗。这些都必然会在地域方言中得到反映。例如粤语中忌"血"用"红"，把家畜家禽的血都改叫"红"，这在别的方言中就听不到。粤语把"舌头"称"脷"，北方话却叫"口条"，这是用不同的方式表示同一避讳的例子。由于我国大多数人民渴望过上富裕幸福的日子，渴望美好生活的愿望特别强烈，因而各方言中都会有一些当地人民习用、代代相传下来的吉祥词语，反映出他们祈求吉祥如意、发财接福的心态。有的本是地域性的吉祥词语，也可以发展成为超越地域、大家共享的吉祥语。例如山东有的方言地区，在婚礼上一定要吃豆腐，因为"豆腐"的"腐"与"富"同音。粤语区过年兴吃"发菜"与"蚝豉"，就因为与"发财""好事"同音。当今在数字中，"八"字格外吃香，电话、车牌号码中能多用几个"八"，也就经常满嘴"发发发"，意在发财发个够。这个本是来源于"八""发"音近的粤语词，由于在其他方言以至共同语中也都音近，已在全国范围被广泛应用。上面列举的例子，足见传统文化在地域方言中处处可见。若打开近期出版的《香港社区词词典》，就会看到香港这个中西文化交融、富有独特文化色彩的特区，在它全社会通用的粤语中，蕴含着许多引人注目、值得好好研究的香港社会历史地理文化。

## 第三节　方言文化的地域特征

方言文化带有鲜明的传统文化特色，是传统文化的表现形式。留学生的汉语学习都是在一定的地域内完成的，"而具有浓厚的地域生产生活习俗、礼仪习俗、思维习惯、人文地理和历史背景等文化现象，必然会在地域方言的语音、词汇、语法、修辞等各个方面留下深深的文化烙印。从这个意义上说，对外汉语教学尤其是文化教学，必然要联系到方言语境，这样才能使学习者透过方言的蕴藉来了解丰富的中国地域和民族文化"。

因此，在对外汉语教学中，要适应特定地域的社会环境，留学生就必须了解这个地域的文化。而传统文化的形成又与这一地域的方言密不可分，这就必须有方言文化意识，语言文化教学不仅要在课堂上完成，还需要课外的实践，只有在真实具体的语言环境中才能真正了解传统文化内涵。

在教育方面，为了适应教育国际化的要求，加强汉语国际推广工作的进行，政府及各大院校都在大力发展留学生教育，扩大高等教育阶段学历教育留学生规模。而当地人们的日常生活中大多使用方言或地方普通话，那么在这一方言语境下的汉语学习，要求留学生应当树立方言文化意识，适应当地的汉语学习环境，以方便他们的日常交际。同时，方言承载着丰富的传统文化，方言文化语境意识的树立，可以让留学生了解到中华文化的地域性和多元化。

## 第四节　对外汉语教学中了解方言物质文化的必要性

"文化是各个民族或群体对特定环境的适应能力及其适应成果的总和。"

文化是一个庞大的系统，其内部还包含各个层次。一般将文化划分为三个层次，即物质文化、制度文化和精神文化。"物质文化是文化的基础部分，指的是一种文化中的技术及其物质产品，它包括服饰、饮食、居室建筑、生产和交通工具、日用器具和其他人类行为的产品等。"

物质文化受相关文化模式的制约，具有鲜明的文化个性色彩，它们不仅可以展现特定环境的自然景观，也可以展现丰富多彩的文化景观，具有稳定的文化内涵。

可以说从古至今，衣、食、住、行等与人们的生活息息相关，语言是交际的工具，留学生的汉语学习都是在一定的地域完成的，这就要求他们对汉语的掌握不仅需要课堂上的学习，更需要日常生活中的运用。语言是社会的，而中国的语言环境现状并不是单纯的普通话，而是若干方言与普通话共存。那么要更好地适应当地的语言环境，避免交际的障碍，就需要了解这一地域的方言，特别是与物质文化词汇相关的内容，因为它与留学生最基本的生活需求紧密相连，有利于他们更好地适应当地的生活环境，也有利于他们对汉语的学习。同时，语言与文化关系密切，"语言是文化的重要组成部分，是一种自成体系的特殊文化。它既与其他文化形式保持整体的和谐性，又是其他文化成果的凝聚体。一个民族的所有文化成果，几乎在语言中都得到较为充分的反映"。所以，这也是他们了解传统文化的重要途径。

社会语言学家恩伯曾说："一个社会的语言能反映与其相对应的文化，其方式之一表现在词语内容或者词汇上。"可以说，不同地域的自然环境、历史文化、生活习俗、认知水平、思维模式等文化因素，都会在词汇中有所表现，透过词汇，我们可以看到方言区文化的特征及其发展变化，了解词汇的文化意蕴。由此可见，对陕西关中方言的了解不仅可以了解这一地域的文化，同时也可以认识中国传统文化的丰富多彩。

# 第六章 方言中的物质文化——以《白鹿原》为例

## 第一节 《白鹿原》的背景及语言学价值

陕西著名作家陈忠实创作的长篇小说《白鹿原》，集家庭史和民族史于一体，展现了厚重的历史感、丰富的文化意蕴和复杂的人物形象，获得 1998 年第四届茅盾文学奖。小说以陕西关中的白鹿原为背景，叙述了白姓和鹿姓两大家族祖孙三代的恩怨纷争。同时作者还对当地百姓的衣、食、住、行等民俗风情进行了描写，展现了长达半个多世纪的关中农村、农民的世俗生活画卷。这部著作浓缩着深沉的民族历史内涵，具有令人震撼的真实感和厚重的史诗意味。

《白鹿原》的语言特点是将规范的普通话与地道的关中方言相结合，对景物的描写和人物的叙述多用规范语言，而对人物及语言的描写则显示出浓厚的地方特色。《白鹿原》的语言学价值就在于它用通俗的方言土语反映出关中地区丰富的传统文化，是了解方言及方言文化的重要素材。

## 第二节 从《白鹿原》中的方言物质文化词汇看陕西关中文化

语言是文化的载体，方言同样是传统文化的承载者，而语言的词汇系统是现实世界和人生经验的分类的标志，是文化世界的构架和组成部分。德国哲学家恩斯特·卡西尔在《人论》中说："它们是组成符号之网的不同丝线，是人类经验的交织之网。"

因此，"我们有理由说：语言，主要是它的词汇，是人类编制文化世界，当然包括物质层次的丝线；从语言棱镜，主要是它的词汇系统中，可以观察到文化物质层次的种种景象"。

文章选取著名文学作品《白鹿原》中的物质文化词汇来阐述陕西关中文化，不仅是因为作品本身的文学价值，更是因为其独特的方言俚语所反映的文化语言学价值，其中大量的方言词汇反映了地道的方言文化，是了解陕西关中方言文化以及中国传统文化的窗口。

## 第三节　解析《白鹿原》中的方言物质文化词汇

文化涉及物质文化、制度文化、精神文化，语言承载文化，方言词汇则是传承传统文化的活化石，所以对词汇的认识是了解文化的重要途径。在此，因篇幅有限，本书只选取了著名文学作品《白鹿原》中的物质文化词汇，来分析其所代表的传统文化。因为物质文化词汇反映物质生活，与衣、食、住、行密切相关，而这也是留学生在方言语境下学习汉语所要了解的最基本的知识，这样的分析可以提高他们运用语言交际的能力，从而保障他们的日常生活和学习能够顺利进行。

一、关中服饰文化词汇解析

1.上衣：长袖布衫、大襟衫、青衫、青衣、棉袄

服饰的创造是人类进入物质文明社会的一个重要标志，主要是为了御寒保暖，方便劳作，同时也反映了一定的地域民俗文化。这部小说的写作背景主要围绕20世纪前50年，也就是清末至新中国成立初期。清朝是满族统治的社会，受民族融合的影响，满汉服饰也在不断地交融和演变，从而形成了民族大众的传统衣着。

清代男子的着装以衫、袍、褂、袄、裤为主。首先，这是满族为了维护自身统治，强制推行满族服饰政策的结果，而满族在入关之前，以狩猎、采集

和捕鱼为生，其服饰主要是为了方便骑射，行动自如。唐宋以来，汉族妇女通常穿对襟上衣，右衽大襟或斜襟的，清代虽融入了一些满族服饰元素，但女装没有发生太大的变化，依然延续以往的上衫（袄）下裙的传统装束，如"大襟衫"。陕西人崇尚节俭，不爱奢华，从事农业生产劳动的广大农民整天面朝黄土背朝天，没有时间注意装扮，所以服饰多以淡雅朴素为主，追求宽松舒适、经济实用。因而在关中农村，为了便于犁地、收割、种植等劳作，男女一般都是"布衫、青衫、青衣、棉袄"等简单朴素的衣着。当然，如今人民的生活水平有了很大提高，服饰也有了很大改变，现在"棉袄"依然在关中农村生活中存在，而"大襟衫、布衫、青衫、青衣"，除一些年纪大的人还会穿外，大部分人已追逐潮流，着衣现代化。

2.袍：青袍、长袍

其次，服饰也受地理、自然环境的影响。清朝男装的特点是长袍马褂，满族原居住在东北长白山区，由于气候比较寒冷，与生活环境相适应，这种服饰既防寒保暖，又便于骑射。长袍马褂是旧时社会地位的一个标志，常为富商、乡绅、知识分子的装束，劳动人民平时极少穿长袍，只有遇到重大庆典或重要礼仪交往时才穿蓝布长衫。而随着满汉民族文化的融合，近代在关中地区，"长袍"一般为文人雅儒或富贵子弟所崇尚，是身份、地位、财富的象征。但随着时代的进步，这些服饰已逐渐退出了历史的舞台。

3.下装：长裤、大裆裤、棉裤、棉窝窝

另外，服饰的特点也与当地的手工业、棉纺织业紧密相连。关中地区自宋元时期就开始盛产棉花，所以衣料以棉布为主，如"棉袄、棉裤、棉窝窝（棉鞋，形似鸟巢，故有此称。本是流行于陕南的一种传统布棉鞋，由多层褙布叠成厚底，鞋帮两片，内装棉花，两片缝合处有一条圆棱，鞋帮较深，可将整个脚背护住，这种鞋外形肥大粗笨，但穿上很暖和，多为男子冬季穿用）"。除"长裤、大裆裤"比较少见，"棉裤、棉窝窝"现如今依然存在。棉布多是自家纺织并染色，据《蓝田县志》记载："蓝：清末时东区盛产之，每年制为靛，为出产大宗；栎：产南山，实之壳斗如碗，可为染青料；五倍子：产于南山，亦为染青料。"

由此可见，当时关中染布多以黑、青、蓝为主，从而出现了"青衫、青衣、青袍"。

4.头饰：帕子

"帕子"（即手帕，关中十大怪有"帕帕头上戴"，当地妇女习惯把手帕戴在头上，这样既能防尘、防雨、防晒，又能擦汗、擦手或包东西，经济实惠又方便），现在这样的装饰在关中农村还可以看到。

关中服饰一方面受民族融合的影响，在考虑原有生产方式的基础上又吸收了少数民族的穿衣特点，衣着简单朴素，主要是御寒保暖、方便劳作。另一方面受传统手工业和生活水平的限制，普通大众基本穿衣色调单一，这也反映了阶级社会百姓的生活比较贫寒，社会等级森严，农人一般都是"布衫青衣"。同时，因为关中土地肥沃，农业发达，盛产棉花，所以衣料多为棉制，反映了自给自足的农业文明。长期的农业文明造就了关中地区男耕女织、自给自足的小农经济，也形成了这一地区特有的服饰风貌。

二、关中饮食文化词汇解析

关中属黄河支流渭河的下游冲积平原，土地肥沃，《诗经》记载"周原朊朊，堇荼如饴"，战国时关中被称为"天府之国"，《汉书》中说关中"沃野千里，四塞之固"。可见，自古以来关中地区的农业就很发达，主要农作物包括小麦、荞麦、小米、豆类等。关中人在这片土地上辛勤耕耘了几千年，以种植小麦等粮食作物为主，所以关中人吃饭以面食为主。

1.馍类：蒸馍（花馍、罐罐儿馍）、锅盔、饦饦馍

馍在关中地区可分为蒸馍和烙馍。

蒸馍，是发酵面团蒸的，包括罐罐馍、花馍等，"罐罐馍"形似罐子。这

里主要介绍一下"花馍",也称"面花"。花馍历史悠久,最早被用于祭祀,之后关中农村用于红白喜事、祝寿满月时馈赠亲友,表达人们的美好愿望。其造型各异,有花鸟鱼虫,有人物形象,现已成为一种面塑艺术,是关中民间艺术的特产,保留了中国的传统文化。

烙馍,如"锅盔",用锅烙的馍。相传武周(唐武则天)时期,官兵为武则天修建乾陵,因工程巨大,大量民工工作忙碌,常常无暇吃饭,又难忍饥饿,且工地无烹调用具,所以官兵就以头盔为炊具来烙面饼,故取名"锅盔",现已成为关中人的一种日常食品。过去关中农村都用大铁锅(现在关中烙锅盔的锅称"鏊子")烙制锅盔,这种锅又大又深,口径二尺以上,锅底呈弧形,关中人叫"黑老锅"。用它烙出的锅盔既大又厚,而且中间有些凹,看上去就像古代士兵戴的头盔,所以称这种面饼为"锅盔"。由于这种锅盔大而且厚,特别像锅盖,于是就有了陕西十大怪之一"锅盔当锅盖",这也体现了关中百姓淳朴的性格和豪爽的气概。"饦饦馍"(即烧饼)用炉子烤的不加馅的发面饼,通常配合肉夹馍一起食用。"肉夹馍"其实是馍夹肉,它保留了古汉语的说法,可见关中方言的语言特点。

2. 面食:长面、臊子面、饸饹、搅团、麻食

陕西面条种类繁多,口味各样,小说中出现的有:长面、臊子面、饸饹等。陕西人爱吃面,面条的做法多种多样,而陕西十大怪中有"面条像腰带",这里的面指的是 biangbiang 面,此面很长很宽,一根足以饱肚。关中民谣曰:"八百里秦川尘土飞扬,三千万人民高唱秦腔,吃一老碗 biangbiang 面喜气洋洋,油泼辣子少了嘟嘟囔囔。"

臊子面在关中地区深受百姓喜爱,用于逢年过节、婚丧嫁娶、祝寿满月、迎接亲朋等重要的场合。臊子即切成的碎肉,据传其历史可追溯到西周。

相传周文王时期,在岐山原下渭河畔,常有一条大蛟龙出没,伤害百姓。文王得知后,便下令除掉祸害百姓的蛟龙。据传说,蛟龙的肉味道鲜美,吃了

可以驱恶除邪，延年益寿，于是，文王就叫人将蛟龙剁成许多小块，给众人食之。人们吃了蛟龙肉后繁衍生息旺盛，体格健壮，部落逐渐壮大起来。从此，人们就沿用这一生活习惯，将肉食剁成小块，烧炒而食，以求得四季平安，兴旺发达。在关中农村吃臊子面是很有讲究的，不管谁家办红白喜事，第一碗臊子面先不上席，而由小辈端出门外泼两次汤，象征祭天神地神，剩下的汤叫"福把子"，泼向正堂的祖灵牌位，然后才上席，并按辈分和身份次序上饭，过去吃面剩下的汤不能倒掉，还得回锅，表示有余，现在吃回锅汤的习俗已经慢慢改变了。

"饸饹"古称"河漏"，是荞麦面所制成的面条，元代农学家王祯《农书·荞麦》记载："北方山后，诸郡多种，治去皮壳，磨而成面或作汤饼。"在干净的草帽檐上用右手大拇指将面搓成卷心，下水煮熟配以菜肴即可食用，是关中人常吃的面食。据元代忽思慧撰《饮膳正要》记载："秃秃麻食，一作手撇面。以面作之。羊肉炒后，用好肉汤下，炒葱，调和匀，下蒜醋香菜末。"

明朝人所著的《居家必用事类大全》里也说："秃秃麻食，又名秃秃么思，如回族食品，用水和面，剂冷水浸，手搓成薄片，下锅煮熟，捞出过汁，煎炒、酸水，任意食之。"

这说明在元明之际，麻食已经流行，而且是回族人的食品。麻食一词，应该是少数民族语言的音译。

"搅团"是将面粉倒入沸水中不断均匀搅拌。关中有句俗话"搅团要好，七十二搅"，直至成糨糊状，随后浇汤或凉调而食。搅团是一种地道的陕西农家饭，过去人民生活贫苦，粮食短缺，而搅团含水量大，吃了容易饱肚，所以就成为农家人常吃的饭。

3.其他：羊肉泡馍、苞谷糁子

泡馍是土生土长的西安小吃。相传宋太祖赵匡胤落魄时，流落长安，正值寒冬，饥渴难耐，身上只有一个冻干的饼子，适时街边一家卖羊肉汤的老板，见之不忍，就给了他一碗热气腾腾的羊肉汤，赵匡胤将饼掰碎泡入，吃完后突然感觉神清气爽，于是一扫颓废心情，重新踏上征程。他登基以后，尝遍了人间美味，心中就是放不下记忆中的羊肉汤泡饼，遂传令厨房仿制，厨师们苦思冥想，才制作出来，也就是现今的"羊肉泡馍"。因它营养丰富，暖胃耐饥，而关中地区冬季又多寒冷，所以深受人们喜爱。

"苞谷糁子"即玉米粥，是将玉米磨碎后熬的稀饭。玉米是中国第二大谷物，在陕西地区广泛种植，所以苞谷糁子也就成了关中一带的家常饭。

陕西关中的特色饮食，一方面受地理环境和自然条件的影响，关中地区的农业文明比较发达，人们基本上都是依靠土地吃饭，所以饮食多以当地所产粮食作物为主，如蒸馍、锅盔、饦饦馍、苞谷糁子以及各种面；另一方面陕西关中在历史上曾长期占据政治、经济、文化的中心地位，民族的融合使其饮食不仅有土生土长的，如羊肉泡馍、搅团，同时也兼采其他民族之风味，如麻食。俗话说"一方水土养一方人"，其饮食文化也深刻地反映了关中人的性格特点，既憨厚淳朴又粗犷豪放。

### 三、关中居住文化词汇解析

1.住房类型：窑洞、三合头、四合院、瓦房

关中是中华民族最早的定居地之一。关中渭河北岸处于黄土台原区，崖高土厚，土质坚硬，塬与塬地呈90°而不塌，所以关中人在保留传统瓦房的同时，因地制宜地在向阳的塬形上开挖"窑洞"，传承了先民"掘土而穴"的习俗。也有将房屋与窑洞结合起来组成院落的，渗透着关中人对黄土地的热爱和眷恋，它最大的优点是冬暖夏凉，是一种经济省工的民居形式。传统的关中院落进门有一道叫照壁的墙，往里左右为厦房，最里面是安间，形成了"三合头"，也有"四合院"形式。这样的建筑结构主要是为了节省木料，同时节省了院落空间，房屋显得紧凑，符合传统家和的思想。

2.房屋结构：上房、厅房、门房、厦房、火炕

传统的中国房屋结构为"人"字形，关中地区把这种房子叫"安间"房，也叫"上房"，一般是主人和老人住，结构都是厅房，两边是卧室。一整间房除了上房还有偏房，关中叫"厦房"，这也就形成了关中的又一怪"房子半边盖"。"门房"就是大门，比较简易，关中农村人讲究修家门，有的家境殷实的门房也是精心装饰。"火炕"是用土坯或砖垒成的一个长方体台面，再在上面铺上席子、褥子、布等，因北方冬季寒冷，炕主要是以麦秸、木材等为燃料来取暖。灶炕相连是关中民居的又一特色，即做饭的锅灶与土炕相连，在做饭的同时又烧热了炕，经济实用。

可以说关中民居是关中人在长期的生产生活实践中，根据当地的自然地理条件，因地制宜创造的。如"窑洞"，注重实用、结实、经济，如"三合头""四合院""瓦房"，体现了关中民居的简单古朴。另外，关中的住房结构也反映了传统的儒家思想，讲究天地人和、尊卑有别、长幼有序。一般在选地基时要看风水和阴阳，考察山脉水流走向、地形地貌等。住房喜朝南，便于采光取暖。现如今"三合头""四合院"已不多见，一般"上房"为长辈居住，"厦房"为晚辈住，是家庭观念和制度的一种延续。

四、关中交通文化词汇解析

1.畜力车：木轮大车、独轮小推车（蚂蚱车）

"木轮大车"俗称大轱辘车，用牛或马拉，一般有两个车轮，车上架厢。它既可以用来载人，也可以载物，是20世纪前50年关中很重要的运输工具之一。

"独轮小推车"也叫"蚂蚱车"是将一个木轮与两根辕杆大头连接在一起，车轮在前，整个看起来前面比较窄后面较宽，就像蚂蚱一样，故称"蚂蚱车"。又因为车子外形长而短，特别像地上溜过的老鼠，所以也叫它"地老鼠车"，常用来载人运货。随着农业生产机械化，农业工具也先进起来，现在关

中农村这两种畜力车已渐渐地消逝了。

2.出行用品：褡裢

"褡裢"是一种长方形的用布做成的大口袋，中间开口，两端各成一个小袋子，用来装东西，多搭在肩上，是过去关中人出行的必备用品。"'褡裢'源于蒙语[takalimpa]、[ ta: limp]"，据《元明戏曲中的蒙古语》记载，"褡裢最初是由蒙、满等少数民族创制并使用的一种日用品"。后来民族不断地融合使得汉族也采纳了少数民族的这种用具，明清时期，人们出行多身背褡裢，方便装东西，很实用。

交通在人们的日常生活中发挥着重要的作用，一方面，受自然环境和地理条件的影响，关中降水相对较少，道路宽阔平坦，马、牛车就成为当时关中平原主要的交通运输工具，广泛应用于人们的生产、生活之中，表现出鲜明的地域特征，也反映了关中农耕文明的历史遗迹。另一方面，由于长安在历史上的地位重要而特殊，又是一个民族聚集地，历史的变革和发展不断地促进各民族的融合，也使得汉族不断吸收少数民族中的优秀成分来充实自己，从而继承和发展了传统的民族文化，像"褡裢"就是民族交流的成果，也增进了民族的融合。当然随着社会的进步，这些交通工具逐渐退出了历史的舞台，但它们曾经在关中农村人的生产生活中发挥了重要的作用，反映了那一时期的社会状况和历史发展。

五、关中日用器具文化词汇解析

1.大碗、鏊子、大铁锅

"大碗"是一种耀州产的近一尺的白瓷青花大碗，当地人称为"老碗"，属陕西十大怪之一"碗盆难分开"。在关中农村，人们依靠土地吃饭，平常农活繁重，需要消耗大量的体力，所以人们用这种大碗，不仅吃得多，而且不需来回盛饭，从而节省了时间。在陕西地区一个很有趣的现象就是关中人吃饭不仅用大碗，而且喜欢蹲着，在陕西十大怪中就有"凳子不坐蹲起来"，其实这是人们劳累之后休息的一种方式。陕西的羊肉泡馍就是用这种大碗盛的，正所谓"泡馍大碗卖"，所以"大碗"在关中地区人们的生活中可以说是应用广泛。

"鏊子"是烙锅盔用的平底锅，因锅盔是陕西特别是关中人常吃的主食，所以鏊子也就成为农家人做饭的常用器具。

"大铁锅"这种锅既大又深，口径二尺以上，锅底呈弧形，关中人称"黑老锅"，是关中人做饭的主要用具，至今还广泛用于生活之中。因生产生活方式不同，关中人的日用器具也显示出了独特的传统文化气息，虽是锅、碗，却与大众意义上的锅碗有很大的区别，这与关中人的饮食习惯、日常劳作相联系，反映出人们日常生活的习惯，所以才产生了"老碗""鏊子""大铁锅"这样的土词。这些器具不仅仅是人们日常生活的用品，也从一定程度上反映出关中地区的生活习惯和饮食文化。

## 第四节　陕西关中方言与物质文化形成的原因

从以上解析可以看出关中方言的形成有诸多原因，正如一些语言学家所说，"地域方言的产生有很多原因，一个因素就是地理本身的影响，河流、山脉或大片荒芜的土地可以让人们分开，既然语言一直处于变化之中，人们所说的不同的语言就慢慢地形成我们的方言"。

"除地理因素，促成方言形成的还包括行政区划、居住模式、迁移、占领以及语言接触。"由此可见，自然环境和社会因素共同促成了方言的形成和发展。而"语言的背后是有东西的。而且语言不能离开文化而存在，所谓文化就是社会遗传下来的习惯和信仰的总和，由它可以决定我们的生活组织"。

语言是文化的载体，方言则是传统文化传承的活化石，反映了当地的传统习俗和生活状况。

一、自然环境

从地理环境来说，自然条件如地形、土壤、水、气候、资源等决定着一个地区的经济发展。陕西关中地处渭河冲积平原，号称八百里秦川，这里土地肥沃，水源方便，气候温暖湿润，农业历史悠久，自古就是重要的农耕文明发祥地之一。从地形上来说，关中外有四关：西有大散关，东有函谷关，北有崤关，南有武关，地势有利，可防可守。从水文状况来看，内有泾、渭、沣、涝、浐、灞、高、滈八条河流，水利资源丰富，灌溉便利。由于河流冲击，这里土壤肥沃，物产丰富。而关中属于温带季风气候，温和滋润，加上有利的水资源、土地资源、矿产资源等促进了这里经济的发展。语言来源于生产生活实践，所以，当地长期的农业生产环境造就了大批的方言词汇，如跟棉花种植相关而产生的"棉衣、棉裤、棉袄、棉窝窝、帕子"等；跟染纺业相关的"青衣、青衫、青袍"等；跟农作物生产主要是小麦、玉米等谷物相关的各类面食"蒸馍、花馍、饦饦馍、锅盔、长面、臊子面、饸饹、搅团、麻食"等。

二、社会环境

从历史的角度来说，"秦中自古帝王都"，历史上长安曾长久地作为国家政治、经济、文化的中心，国家制度、社会体系等对人们的生活有很深的影响，统治阶级为维护自身统治，常常会采取一些同化措施，如清朝时满族服饰的推广，一时"长袍马褂"甚为流行。同时作为中心城市和要道，关中也是兵家常争之地，而战乱所导致的民族迁徙，推动了各民族的大融合，少数民族的生活习俗和语言形式对关中地区人们的生活习惯和语言形成了冲击和整合。一些少数民族语言进入关中，如"麻食""褡裢"等，从而丰富了关中地区的方言，形成了独特多变的关中方言格局。

从经济形态的角度来说，凭借优越的地理环境和自然条件，关中的农业文明历史久远、经济发达，曾长期作为国家经济的中心。而封建经济的主要表现形式就是自给自足的小农经济，这里的人们靠着有利的气候、水文、土壤等条件，自力更生，勤劳耕种，人们的衣食住行和这片土地紧密相连。这从旧时的衣着主要以棉为主、吃以面食为主、住因地制宜或就近取材、行主要根据农业生产需求等都可以看出来，从而形成了一些与农业生产生活相关的独特方言词汇。

从文化的角度来说，作为古都，陕西关中历史文化悠久，有发达的史前文明，在西周时期就已成为全国政治、经济、文化的中心。秦汉时期，是中国古代文化的大发展时期，并为此后两千多年的文化发展奠定了基础。经过魏晋南北朝时期的分裂融合，这一时期文化的发展承前启后，呈现多元化趋势。到隋唐时期，统一的多民族政权达到了鼎盛时期，也让文化走向了空前繁荣阶段，创造了辉煌的文学艺术，也促进了科技的进步和发展。经过历代的发展，陕西关中这片土地承载了丰厚的历史文化底蕴，可以说这些都是宝贵的文化遗产，是中国五千年文明和文化的积淀。

## 第五节　陕西关中方言物质文化与对外汉语教学

### 一、西北方言重点调查研究在语言学发展、社会发展方面的意义

张振兴先生在给《山西方言重点研究丛书》所作的总序中指出："我们现在的汉语方言研究，面上的一般研究不见得太多，但是对具体地点方言的研究肯定太少。如果每个省区，或者每个方言区内，有十几二十个具体地点的重点调查研究，我们对那个省区、那个方言区的方言的总体认识就有可能得到提升。"（张振兴，2012：36）诚如张先生所说，在有关方言学、语言理论的若干重要问题的研究中，业已展示出西北方言中存在的大量独特的语言现象的价值。如果要更深入地认识和解释这些语言现象，对有关理论进行验证和补充、提升，并在该地区的语言学人才培养、社会文化建设中有更大作为，还必须对该地区的重要地点方言进行更深入的调查。换言之，地点方言的重点调查研

究是语言资源本身、语言学科发展和社会文化建设提出的迫切要求。下面略陈数端。

（一）西北方言的源流考察与西北官话史的建构

近年来，方言史研究渐成热门课题。随着西北方言研究和整个官话方言研究的深入，未来若干年内，西北方言史必定会成为学界关注的重大课题。西北方言历史悠久，特点突出，很早就与共同语产生了某些歧异。这在研究唐五代宋西北方言的诸多成果中已经得到揭示。其中有些语言特点一直存留到现代西北方言中，如古全浊声母不论平仄一律送气的特点存留于晋陕甘不少方言中，唐五代西北方音"支微入鱼"的特点除了集中存留在秦晋两省黄河沿岸方言中外，还散见于陕甘宁方言。

西北方言与晋语、山西方言存在千丝万缕的联系，晋语及中原官话汾河片的一些语言特点沿黄河上溯，到达甘宁青新。侯精一（1999）指出，曾摄一等和梗摄二等入声帮组字读齐齿呼韵母，可以视为晋语与非晋语相当重要的区别（向东按：晋南汾河片方言白读层同晋语），而这种现象同样存在于兰银官话银吴片，如银川"北墨（曾开一入帮组）、白百册拍迫魄陌麦脉（梗开二入帮组）"等字读[ia]韵（高葆泰、林涛，1993：40），银吴片的吴忠、中卫同银川话（林涛，2012：27，28，53）。又如，晋南方言、秦晋沿河方言"扔"字白读为[z1、二]类音，银川、乌鲁木齐等地"扔"白读为[ar]类音（李树俨、张安生，1996：64；周磊，1995：17）。再如，西北方言有比较系统的表达时制（tense）意义的手段，这一点苏联语言学家龙果夫早就做过描写和讨论。近年来的研究表明，这可能是晋语和西北方言共同的深层特点（A.龙果夫，1958；邢向东，2002，2006；兰宾汉，2010；孙立新，2013），值得进行深入挖掘和理论考察，以摆脱基于普通话语法的"汉语无时制范畴"的狭隘观念。

以上这类音韵、词汇、语法联系，都处于方言底层。从地理上看，以山西、陕西为起点，经内蒙古土默特平原、河套平原、宁夏、甘肃，终至青海、新疆，似乎存在一条沿黄河上溯的语言特征输送通道。那么这条通道的作用到底有多大？晋语及山西方言的影响在西北方言中分布如何？它们和明清以来晋陕向西北移民的路线是否重叠？以上问题的回答，都有待于方言点上的深度考察。

明清以来，西北的汉族、回族经历了大规模的人口迁徙，形成了西北地区中原官话、兰银官话两大官话的现行格局以及复杂的方言层叠关系。如西北方言中同一地点的回民、汉民汉语之间的差异，其主要的形成原因就是清代回民的大规模迁徙。对关中方言内部差异的初步考察表明，以西安话为代表的主流关中话大概是在元明清以来逐步覆盖关中大部分地区的。而青海农区的秦陇片方言，又是在关中、陇东秦陇片方言的基础上，由于居民迁徙而形成的。

西北地区大量的出土文献（尤其是纸质文献）具有实时、实地的特点，对建构西北官话史具有重要作用，而要发挥这部分珍贵材料的作用，就有必要在若干点上对西北方言做更深入的调查、描写。

西北官话史的研究需从两个角度切入。一是在社会历史层面，需要对区域历史、行政和人口迁徙进行梳理，理清西北地区人口播迁的脉络；一是在语言层面，需要对区域内的方言进行系统调查，并同目前已经构拟出来的某一时期共同语的系统、西北方言的整体特点进行比较，以及同出土文献（如吐鲁番文书、敦煌文献等）中发掘出来的该地区方言某一时期的特点进行比较，同传世文献中对该地区方言的有关记载进行比较，在官话方言发展演变的宏观格局和整体规律的大背景下，对区域方言的演变规律做系统、深入的考察。其中，通过有组织的重点调查取得能够对得起来的语料，是一个重要的前提条件。

（二）语言接触研究

西北地区历史上曾经发生过、现在仍然发生着同汉语和藏语、阿尔泰语系语言的密切接触，造成了该地区汉语方言中的诸多独特现象，"北方汉语的阿尔泰化"（桥本万太郎，1985）在西北方言中的表现比其他任何北方方言都突出。独特的社会、历史、民族、语言环境，使西北汉语方言在语音、词汇、语法诸方面，都不同程度地受到其他语言的影响，如回民汉语的儿化韵一般多于同一地域的汉民汉语，回民口语中多阿拉伯语、波斯语借词，等等。下面以语法为例来说明。

西北方言在语序、指代等方面的一些特点，已经证明与该地区汉语和藏语、阿尔泰语系语言的接触密切相关。如晋语并州片、吕梁片和关中、晋南、陇东一带西北官话的远指代词"兀"，在近代汉语中已经出现，原来多以为它同晋代的前缀"阿"（"阿堵"之"阿"）直接相关，是一个前缀（吕叔湘，1985），但张维佳、张洪燕的考察结论是：这个远指代词"兀"跟突厥语诸语言在读音上很相似。再如，陕北晋语和西北方言中，普遍存在远指代词兼表第三人称的现象，过去我们多认为这是上古汉语无专用三身代词的特点的继承。而汪化云的考察结论则与此不同，他认为："西北方言和现代汉语中存在近指、远指代词都构成第三身代词的现象，这是中古阿尔泰语言的影响所致。今西北方言多以远指代词'兀、那'兼指第三身，这也与现代阿尔泰语系诸语言相同。"

不论汉语学界还是理论语言学界，大家对西北方言语法中的语言接触问题最为关注，语音方面的成果则寥寥无几（词汇方面的成果除了借词研究外也不多）。事实上，语言接触的结果同样存在于语音系统中，只是由于语音的系统性更强，语言接触的痕迹更难发现，而我们的地点方言研究还没有深入到这一步。像河湟地区这类典型的汉语与藏语、阿尔泰语系诸语言发生密切接触的区域，如果能够选择若干重点方言，对方言语音、词汇、语法进行深入挖掘，一定可以发现更多的由语言接触导致的特殊现象，对语言接触理论的发展一定会做出独特的贡献。

（三）调类的高度简化与特殊的调位中和

西北方言是汉语方言中单字调最少的区域。方言中单字调最多4个，最少2

个。大量存在单字调合流、连读调有别的情况，如兰银官话银吴片，中原官话陇中片、河州片等。

红古是兰州的一个区，"西南与河州（临夏）方言区的永靖县、青海省方言区的民和县相接，声调系统与城区片迥异"（赵浚、张文轩，2002：514）。红古方言只有2个单字调，达到了单字调数量的底线。据雒鹏的研究，红古话的2个单字调中，第1调为"平去声调"，来自古平声、去声、入声，第2调为"上声调"，来自古轻上、次浊上字。第1调读[13]，第2调读[554]（雒鹏，1999）。可以看出，2个单字调，一个为低调，一个为高调，实际上形成了高低、低高搭配的模式（见下文）。红古话的2个单字调中，第1调容纳了多数北方汉语的阴平、阳平、去声，那么它们在连读中是否有区别？红古话比河州方言的声调还少，多调合流的原因和机制到底是什么？其主因是连读变调还是单字调调值相近？阴平、阳平的连调行为还牵涉到中原官话陇中片、河州片平声不分阴阳的历史层次问题，这是一个重大课题。

据舍秀存调查，西宁回民话也只有2个单字调。第一声阴平上[55]；第二声阳平去[13]。阴平与阴上、阳平与去声在连读中表现不完全相同，所以从连调行为看，它还有4个声调。（舍秀存，2013：108–112）

需要指出的是，红古话的2个单字调是在河州片（《中国语言地图集》划入陇中片，此处据《中国语言地图集》第2版）平声不分阴阳（平、上、去3个单字调）的基础上合流的结果，西宁回民话的2个单字调则是在秦陇片4个单字调（阴、阳、上、去）的基础上合流而成的，这两个方言的单字调所辖字的来源不同，其形成过程、机制的共性与个性，还须进一步考察。

西北方言的连读变调颇有特点，除了由语音条件造成的变调以外，还存在与词汇、语法密切相关的变调，这种变调在功能上颇像北京话的轻声，属于双音节语音词的调位中和。这种调位中和模式具有明显的规律：形成了低—高、高—低配合的韵律特征。（刘俐李，1994；李倩，2001）邢向东称之为"西北型连调式"（邢向东，2004：17）。饶有兴味的是，西北型连调式除了在甘宁青新四省区分布以外，在陕西关中地区的边缘地带也有分布，如西部的岐山、凤翔、扶风、眉县、宝鸡方言（属秦陇片，当地人叫"西府话"），东部的韩城方言，而以西安为核心的大部分关中方言则属于另外一种"后字趋于一致型"调位中和模式。在关中地区，低高、高低搭配的调位中和模式呈"ABA"分布，可以推定西府和韩城等方言的调位中和模式属于早期层次，西安等大部分关中话的模式属于晚期层次，这种现象和关中地区其他语言现象的分布相平行。下面以宁夏中宁话为例，李倩（2001）称其为"连调乙"，见表3。

**表3　中宁方言调位中和模式**

| 前字＼后字 | 阴平44，阴平51，去声231 |
|---|---|
| 阴平44 | 44 31 声音 收成 端午 干净 中国 |
| 阴平51 | 53 31 婆家 油坊 黄米 谋算 粮食（前字古浊平）<br>11 53 讲究 斗篷 口子 五号 补药（前字古上声） |
| 去声213 | 11 44 下家 骆驼 大腿 大豆 四个（前字中古无尾韵）<br>11 35 菜瓜 定钱 背斗 动静 认识（前字中古有尾韵）<br>学生 核桃 日本 抹布 六十 |

　　关于西北方言中这种特殊连调模式的成因及其与词汇、语法的关系，还需要通过对个别方言的深入观察才能有更深刻的认识。

　　"西北方言和晋语重轻式语音词的调位中和，将会导致单字调在这类词的范围内失去作用，形成固定的'词调'。"（邢向东，2004：17）究竟哪类词语、哪些词语中单字调失去作用，转而由"词调"发挥作用，只有在方言点的范围内，对大量词汇和语法材料做深入观察和分析，才能得出可靠结论。至于连调模式形成的原因，笔者推断，可能与语言接触有关："西北方言重轻式语音词的调位中和……它和西北方言单字调的归并、减少应当基于相同的动因。这里有汉语方言声调自身的演变规律的作用，也与西北各民族语言间的互相影响分不开。西北地区的少数民族语言大都没有声调，在汉语与这些民族语言长期的、深层次的接触中，汉语方言原有的单字调及在此基础上形成的连读调，可能受到这些语言的影响而逐步简化、减少，形成数量有限的连调模式。"

（邢向东，2004：13）这个推断要得到证实，对汉语和阿尔泰诸语言的宏观考察固然重要，但宏观考察仍然要建立在地点方言的精细描写的基础之上。

除了声调问题，西北方言中的其他语音演变现象在汉语方言中也具有独特性，如古全浊声母不论平仄均送气、辅音声母的强摩擦、儿音严重高化及高儿音的辅音化等现象（王双成，2006；芦兰花，2011），对语音学、音系学、历史语言学等领域的研究具有其他方言无可替代的价值。这些音变现象蕴含的理论价值，需要微观和宏观层面相结合的考察才能得到充分体现。

（四）回民汉语与汉民汉语的异同

西北地区是回族同胞最为集中的地区。回族大概在元末明初逐渐放弃了原来的民族语言，逐渐转用汉语作为共同母语。（杨占武，2010：75—87）由于特殊的民族来源、宗教信仰、社会历史、民族心理等原因，加上回族大杂居、小聚居的特殊居住形式，同一地区的回民汉语与汉民汉语既存在整体上的一致性，又存在一系列差异，彼此之间相互影响，形成复杂的异同关系。下面略举数例。

关中、陇东、宁夏、南疆等地汉语方言中，存在古端精见三组声母在齐齿呼韵母前合流的现象，即"钉=精=经、听=清=轻"，这三组字是否合流，不仅在不同方言之间存在差异，而且回民与汉民之间也存在差异，在乌鲁木齐、临夏等方言中，往往是回民汉语合流，汉民汉语不合流。（刘俐李，1989，1994）临夏话中的舌尖中音[t][th]在跟齐齿呼相拼时，回腔变读为舌面音[t][th]，从而使舌面音的音节大大超过舌尖中音的音节。（兰州大学中文系临夏方言调查研究组、甘肃省临夏州文联，1996：39）这是同一地区回民汉语与汉民汉语之间的差别。在中亚东干族的回民方言中，来自陕西的回民"低=鸡，提=旗"，读舌面前塞擦音，显示端精见合流，来自甘肃的回民"低并鸡，提并旗"，显示中古端组齐齿呼字与精见组有别，这是不同地区的回民汉语之间的差别。（林涛，2008）以上情况反映，这三组声母的大合流很可能发端于陕西

关中的回民汉语。（邢向东，2007；邢向东、张双庆，2013）

在一些西北方言中，回民汉语与汉民汉语在语法上的差异也比较显著，这些差异贯穿于构词、形态和句法之中。

儿化韵是北方汉语中普遍存在的现象，但在西北方言中，是否存在儿化韵在回民汉语与汉民汉语之间存在差异。经常出现这样的情况：同一个地点方言中，汉民汉语没有或很少有儿化韵，而回民汉语则存在大量的儿化韵。例如同心北片方"回民话有'儿'后缀和儿化韵，汉民话没有"（张安生，2000：5）。再如宁夏永宁纳家户镇，回民话的儿尾词和儿化韵较多，这些词在纳家户汉民话中一般用子尾或重叠替代。杨占武因此认为："基本上可以认为儿化是兰银官话宁夏片回汉方言差异的标志之一。"（杨占武主编，2012：59）乌鲁木齐回民话和汉民话也存在同样的差异。（刘俐李，1989）

构词词缀的回汉差异，如临夏话前缀"阿"在汉民汉语和回民汉语之间有所不同，回民的亲属称谓中有"阿姑父、阿姨夫"，在排行中有"阿三、阿五"，汉民中没有，"回腔比汉腔用后缀'子'略少"（兰州大学中文系临夏方言调查研究组、甘肃省临夏州文联，1996：149—150，152）。

回族人民特殊及复杂的族源以及"经堂语"对口语持续不断的影响，造成了回民汉语的日常用词与汉民汉语存在一些差异，如回民口语中存在不少阿拉伯语、波斯语借词等。这一点研究成果甚多，不需赘述。

总之，西北地区回汉人民既共存共处，又分别聚居，形成了同一区域内的不同方言社群，特殊的社群结构造就了独特的语言景观。如果能够选择若干方言区域，将方言学方法与社会语言学方法相结合，对回族、汉族社区的方言差异进行微观考察，将会对社会语言学理论和西北方言史的建构做出特殊的贡献。

（五）高校人才培养和学科建设

西北地区高校的语言研究力量曾经和全国其他地区相平衡，方言学人才也不例外。随着人才流动的日益频繁和老一辈学者渐渐老去,人才匮乏的局面逐步显现出来。就方言学而言,目前陕西、甘肃队伍相对整齐,其他几个省区则比较薄弱,不论是研究人员还是研究方向,都需要培养、凝练、整合。

我们要把语言学队伍建设的基点放在通过研究实践促进人才成长上,而不能寄希望于个别人才的引进。开展重点调查研究正是培养方言研究人才的最佳途径。年轻学者经过培训、试调查、调查、写作、修改(其间还有再调查)全过程的锻炼,调查水平、研究能力会大大提高,而且可以在调查研究过程中发现新的课题,作为新的研究的起点。通过开展方言重点调查研究,可以整合研究力量,凝聚研究方向,提高西北高校语言研究的整体水平,为西北地区高等学校的人才培养和学科建设做出贡献。

### (六)民族团结和文化建设

西北地区是民族杂居地区,民族团结成为社会稳定的主要因素。语言是民族认同、文化认同的重要方面。通过重点调查地区方言形成历史的研究,考察不同民族语言相互接触、影响的历史,阐明历史上不同民族之间杂居共处、共同发展的事实,对今天的民族团结教育具有重要意义。

目前全国正在实施社会文化建设战略,新一轮的西部大开发也对西北地区的精神文明建设提出了新的要求。方言是地域文化的载体,举凡地方戏曲、说唱艺术、民间故事、民歌民谣等非物质文化遗产,都用方言的形式加以保存、流传。随着方言在社会语言生活中的地位逐渐被普通话取代,这些非物质文化遗产的命运也引起人们极大的关注。因此,对西北方言展开重点调查,不论对发掘、保护已有的非物质文化遗产,还是进行新的受到方言区人民喜爱的文化建设,都有其不可替代的社会价值。

### 二、方言与对外汉语教学的关系

首先,《白鹿原》是一部反映陕西关中风土人情的历史巨著,其独特的方言俚语形象地展示了关中的传统文化,这部作品展示出了一幅丰富而厚重的陕西关中地区社会生活及历史文化图景，有利于留学生对中国北方社会文化生活的了解。其次，物质文化与学生的日常生活和学习密切相关，通过对关中方言物质文化词汇的分析，有助于留学生对陕西关中地区的服饰、饮食、居住、交通日用等物质文化方面的了解和认识，有利于他们的日常交际。另外，方言是对普通话的补充和发展，陕西关中方言有很多已经进入普通话，方言所承载的传统文化也已成为以普通话为载体的文化的补充部分，所以留学生对汉语学习所在区域的方言的了解有助于其进一步掌握标准语及中国文化。最后，方言是传统文化的反映，从对陕西关中地区的物质文化词汇的分析，可以看出其所反映的服饰文化、饮食文化、居住文化、交通日用等文化气息。而传统文化又是中华文化的重要组成部分，况且陕西自古就是中华文化的发源地之一，关中则有着悠久的历史文明，所以对这一地域方言物质文化的了解有助于对中国传统文化的学习。

对外汉语教学也是文化教学，那么如何将方言所代表的传统文化融于对外汉语教学之中，是对外汉语教学需要进一步探索的问题。而在对外汉语教学中，课程设置、教师、教材、测试评估等是影响教学质量，保证教学效果的重要因素，所以，语言文化课程的学习也需要各方面因素的共同配合和协调，从而促进汉语语言、文化的共同传播。

# 第七章　对外汉语教学中方言物质文化教学的思考

语言本身就是一种特殊的文化现象，"各个历史时期的文化信息大量地积淀于语言之中"，而方言作为一种地方语言，更是传承传统文化的活化石。"物质文化是人类文化的最基础部分，也是最早形成的文化组成部分"。

物质文化与精神文化、制度文化互相依存、互相促进，可以说物质生产方式制约和影响着政治制度和精神生活的发展。所以一个地域的物质文化也在一定程度上反映了这个地域的制度文化和精神文化生活，提供了地域社会生活图景。

汉语学习总是在一定的地域进行，语言与文化息息相关，那么在对外汉语教学中如何利用方言文化语境，发挥其在文化教学中的积极作用，是值得我们思考的问题。

## 第一节　文化教学模式的改善

教学模式是在一定思想或教学理论指导下建立起来的较为稳定的教学活动框架和活动程序，因此具有一定的程序性和策略性。文化教学模式则是在对文化不同理解的基础上所形成的教学策略。

当前对文化的认识主要有三种意见。一是将文化看成一种知识，即知识文化"两个文化背景不同的人进行交际时不直接影响传递信息的语言和非语言的文化因素"。二是将文化看成一种交际行为，从语言教学的角度出发，国内对外汉语学者张占一将文化分为"知识文化"和"交际文化"。"知识文化"同观点一，"交际文化"是"两个文化背景不同的人进行交际时直接影响信息准确传递（引起偏差或误解）的语言和非语言的文化因素"。三是多样化的文化界定，因文化包罗万象，这一观点主张"对文化的理解不应局限在知识、行为的两分对立上，而更倾向于多样化的文化界定"。

在对外汉语教学中，针对这三种不同的文化界定从而出现了三种不同的文化教学模式。第一，知识文化传授模式。"体现在对外汉语教学中，文化知识的传授主要就是中国历史地理知识、民俗知识、名胜古迹、建设成就以及文学家作品等内容的介绍"，其方式主要是开设专题讲座、参观、多媒体教学等。这种模式的不足在于注重纯知识的传授，忽视了语言交际。第二，交际文化训练模式。"与知识文化传授模式纯粹将文化作为知识附加到语言学习中不同，交际文化训练模式将文化作为交际行为中的一部分，通过言语交际训练使学生自然地领会和掌握"，常用的方式是课堂模拟交际。其缺陷在于，重交际而忽视了知识性文化（即历史、地理、民俗等内容）的传授。第三，多元文化互动模式。这一模式"既重视知识文化的传授，又强调交际行为的重要性，对外加的文化内容和跨文化交际能力的训练都给予了相应的位置"，它具有较高的综合性。

中华文化博大精深，且丰富多姿，这种多元文化的存在要求文化模式的改善和发展，所以对外汉语教学既要重视知识文化，又要重视交际文化，并将课内和课外相结合。毕竟语言的获得应在实际的语境中进行，而课堂的教授是有限的，所以学生只有走出课堂才能感受到真实的语言情境，进行语言交际。

既然方言是传统文化的承载者，而传统文化又是中华文化的重要组成部分，那么在语言文化教学模式的改善上，要让学生更好、更快地适应当地的语言环境，就必须将课内与课外相结合，知识文化与交际文化相结合。

一方面，课堂上在教授普通话和中国传统文化的同时可以适当地引入一些实用方言和传统文化知识，包括自然地理方面的，如气候、水文、地貌等自然环境；政治经济、历史文化等社会状况方面的，教师可根据需要作为课堂知识的补充和拓展，扩大学生的视野；也可以是在专门的中华文化或传统文化课程当中设置，加入方言区的地理知识，像陕西关中地区的地形地貌、水文条件、气候状况、山川河流等，或者是历史文化等社会发展方面的知识。另一方面，在教学中可以通过多媒体、幻灯片、录像、影视、文学、民间艺术赏析等方式，将方言区的地理人文、意识形态及这一地域的政治、经济、文化等社会发展情况通过多媒体的传播、幻灯片的展示、录像影视的记录及历史文学作品的记载来让学生认识和了解。

课外，则可以增加一些实践活动，特别是节假日，可以组织出外旅游，来了解方言区的人文地理及历史文化。就关中来说，这里有着灿烂的历史和文化，历史上先后有西周、秦、西汉、前赵、前秦、后秦、西魏、北周、大夏、隋、唐等十余个政权在陕西建都，是我国历史上建都朝代最多、时间最长的省份，留下了很多享誉中外的历史文化古迹，如西安古城墙、大雁塔、秦始皇兵马俑、皇帝陵、乾陵、法门寺、华清池、西岳华山等世界著名历史遗迹。而两千多年前，"丝绸之路"的开通，更让长安成为中西商贸来往的集散地，加强了中外的交流和沟通，也促进了社会文明的发展。那么通过参观旅游可以让留学生了解中华历史文化，并通过"丝绸之路"来让其了解中国的古代文明和中外文化交流的历史，利于跨文化交际和传播。或让学生参与民间活动，比如陕西关中具有独特的风土人情和丰富的民间艺术，如剪纸、面塑、社火、皮影、秦腔等，留学生可以通过参与社会实践活动，通过与当地人们的语言交际来了解传统文化，感受中国语言文化的多样性和丰富性；也可以建立中外学生联谊活动，让他们通过语言交流来进行文化的对比，这也是认识汉文化的有效途径。

通过课内外，学生一方面了解了知识文化，另一方面也锻炼了自己的交际能力，从而更好地学习和了解传统文化，认识中华文化的多元化。

随着我国对外开放的扩大及综合国力的不断提高，对外汉语教学事业也在不断发展，汉语语言文化在世界各国更是备受关注，人们对中国文化的兴趣越来越浓厚，许多国家出现了汉语学习的热潮。然而在文化教学中，我们往往会碰到很多文化导入的困难。以我校为例，每年来自世界各地的外籍教师有着不同的文化背景和宗教信仰，在培训课堂中形成了一个微型的多元文化社会，多种文化相互碰撞，在交流的过程中难以避免各种文化负迁移，如果在教学中处理不当，就会导致交际困难、产生误解。因此在新的形势下，对外汉语教学界如何解决文化导入问题就显得非常重要。

## 一、西方语言文化教学模式对比分析

### 1.地域文化学习兼并模式

这种语言文化教学模式产生于两次世界大战期间，战争期间交战各国文化相互碰撞，把各自的生活方式、风俗习惯带给对方。因此，在外语教学中人们自然而然地将文化内容与语言内容相结合，但此时的结合是彼此分离的，是把文化内容做明晰的指示附加到外语教学中的。

### 2.模拟交际实践融合模式

语言和文化是一体的，任何语言都不是单一的，它是在文化中产生的，所以语言和文化不应该是独立的，而应该将文化作为语言的一部分。让学习者在实际的语言文化氛围中来学习语言。

### 3.多元文化互动综合模式

21世纪随着世界各国文化的频繁交往，多元文化互动综合模式应运而生。该模式承认多元文化的存在，把本民族文化也列入其学习范围，并且以互动的方式与目的语文化相互交流，从而确定了双向文化教学的方向。

地域文化学习兼并模式最大的一个特点就是给予了文化教学正式的、合法的地位，将文化教学公开地、明确地列入外语教学课程之中，将文化教学的内容范围不断扩大，由传统的大写C扩展到人类学和社会学所强调的小写c，并将两者有机地联系起来。然而这种"兼并"式的文化教学是相对独立性的，人们将语言和文化有目的地进行结合，这种文化教学是有计划的外在"兼并"，并不是自然的内在"融合"，是人为的结果。所以这种模式有它自身的局限性：文化知识仅仅信赖于外加，而没有将其运用到交际中去。

　　模拟交际实践融合模式进一步加强语言文化不可分割的观念，与兼并模式不同之处是通过模拟交际实践来达到目的语和相关文化的磨合。这样语言学习者可以在实际的语言环境中获取知识。然而，文化教学仅限于小写c的范围，忽视了社会文化部分之外的东西，如目的语的基本国情、历史、地理和其他社会科学、人文科学等。

　　多元文化互动综合模式具备了前两个模式的特点，不仅重视文化知识的传授，而且强调交际行为的重要性。该模式最大的特点是把学习者自己本民族文化作为一个必不可少的文化教学内容，以互动的方式与目的语文化进行交流，实现了双向文化教学的目的。多元化是历史发展的不可避免的趋势之一。学习不再是被动的，通过交流者的实际互动来解决学习中的困惑。目前这种模式得到了广泛的肯定。

## 二、对外汉语教学中的文化导入策略

### 1.课堂教学

对外汉语教学中的文化教学一般分为两种形式：语言课中的文化因素教学和专门的文化课教学，也被称为"分散式文化教学"和"集中式文化教学"。语言产生于文化之中。要学习好语言就必须了解语言生存的文化。学好语言的最为根本的目的是用于交际。学好语言的目标之一是学习者可以用目的语和别人交流。两者的性质有所不同：文化课注重于一般综合性的和某些特定性的中国文化内容的讲解，具有某种知识性和学科性的格调，是语言之外的东西。文化因素教学则是在教学汉语结构规律的同时，还要使学习者了解以至习得汉语本体结构和使用方法。简而言之，汉语课中的文化教学是以学习或用汉语进行交际的文化能力为指归的，它带有某种技能性与实践性的特点。在课堂教学中对比分析法是行之有效的方法之一：将学生的母语与目的语进行对比教学，帮助学生意识到母语语言和文化的干扰，进而把握那些"貌合神离"、大同小异的部分，因为有比较才有鉴别。如学习成语"望子成龙"时，为了让学生了解到中国的"龙"与西方《圣经》中把"龙"看成妖魔鬼怪存在着天壤之别，可先介绍中国文化背景下"龙"的形象及文化含义，然后比较它在西方文化中的形象和含义。

2.模式创新

当今世界各种文化频繁交往，相互交融，彼此影响，文化的多元性日益彰显，我们很难看到各种文化用国家来分界的。有着同一种文化的人们或许会说着不同的语言，使用统一语言的人们也可能是不同国家的人。其实文化之间并没有严格的分界线。语言和语言之间也不是分开的。很多语言是由另外一种语言系统演变而来的。所以学习者不必用很硬性的标准来区分语言。单纯地模仿也是不能学习好语言的，要真正学习好语言就应该将语言融入到民族文化之中去。语言中有种说法是说达到"第三位置"（third place）。这个"第三位置"，是指一种学习者特有的，既不同于学习者的目的语文化，又不同于其母语文化，而是与目的语和母语都有关联的文化系统。这种文化系统的核心思想应该是平等看待各种文化的态度和汲取目标文化的思想内涵的能力。那么，如何在教学中帮助学生达到"第三位置"呢？这就要求我们在设计教学模式时应突破以往以目标文化为载体、以目标文化的行为为标准的单向输入的教学模式的局限性，立足多元文化，求实创新。目前，我校在对外汉语教学中针对外教的具体情况探索出互动式教学模式：导入—融入—融合—互动。即第一阶段按教学计划进行专题文化教学，第二阶段帮助学习者建立起默认记忆和理解的文化意义，第三阶段帮助学员构建平等看待各种文化的态度和汲取目标文化思想内涵的能力，第四阶段要求不仅建立本民族文化与目的语文化的互动，同时建立多元文化背景下的师生互动，提倡平等对话。

3.教材编写

20世纪80年代以前，对外汉语教材的编写受结构主义的影响，主要采取以句型训练为中心的结构法。之后出现了"结构—情景—功能""结构—功能—文化"等教材编写的新思路。其中"结构—功能—文化"相结合的教学思想在教学界已得到广泛的认同响应。有意识、有计划地选择与安排文化项目、充分重视文化项目研究，以及在所编教材中取双向文化的态度等观点如今已在对外汉语教学界受到高度的重视。文化内涵的选择和融入成为教材编制中的重点和难点，笔者认为教材的编写和设计应针对学习者的特点和需要适当地选择和安排文化点，这些文化点来源于介入性文化行为和非介入性文化行为。介入性文化项目是指在一些交往活动中，学生能够介入其中，成为真实交际中的真角色，而不是一个旁观者，如打招呼、约会等。非介入性文化项目指学生不一定能参与其中的，如中国人的孝敬长辈、家庭教育等。

值得注意的是，在教材中介绍中国文化，并非意味着中国文化本位论的渗入，这是目前第二语言教学中教材编写上面临的共同问题。"世界文化是多元的，世界文化的交流也是多向的。"外国人学汉语，并非一定要认同中国文化。因此，我们在编写教材时应该更多地考虑人们的文化通感，要让学习者在学习汉语时更多地感到人文性，多种文化模式的选择在语言教学中的作用是不可忽视的。

4.教师的深造

对外汉语教师是经济全球化下所产生的一种新型职业。对外汉语教师不同于普通的教师，不仅仅在专业素养上对教师的要求比较高，而且更为重要的是需要为学习者营造逼真的语言学习环境。语言是动态的。教授目的语不仅要让学习者了解书面的目的语，更为重要的是要让学习者可以使用它。语言和文化是一体的，汉语是仅存的四大文明语言。汉语的背后有着深厚的文化底蕴。所以对外汉语教师要处理好文化与语言的关系。

笔者认为，教师培训应该从两方面着手。①多元文化意识的培养，了解掌握学生的不同文化背景、社会制度、宗教信仰和饮食禁忌，以增强平等对话意识、求同存异意识和文化对比意识。②专业知识的培养。按照《国际汉语教师标准》，对外汉语教师应该具备五点专业知识：语言基本知识与技能、文化与交际、语言习得策略、教学方法和教师综合素质。20世纪80年代后，教师的多元文化知识和能力培养的课程已进入许多国家的教师教育学习的计划之中，多元文化背景下的教师角色应该是多元文化的理解者、汉语学生的关怀者、本土知识的专家和传授者、多元文化教育环境的创造者。

对外汉语教学作为一门语言教学，既是一个语言教学的过程，又是一个文化教学的过程。对外汉语教学过程中不仅要担负传递中华民族文化成果的重任，与此同时，也应该尊重不同文化的差异，因为每种文化都是人类文明的产物，都应该处于平等的地位，拥有充分发展的空间。文化无处不在，无时不有，渗透在社会的任何角落，在文化的多元化与全球化的背景下，大而不同，和谐共生，才是对外汉语教学的最高境界。

## 第二节　对外汉语课程文化内容的设置

"对外汉语教学的课程可以分为两大类，语言课程和非语言课程。"

语言课程主要是听、说、读写各项技能的学习，也包括语言理论知识的学习，非语言课程主要是文化等的学习。简而言之即为语言技能课和语言文化课。"语言与文化是相连的，方言所体现的文化特色在对外汉语教学过程中也应该得到体现。"

那么在文化课程设置上各地区的对外汉语教学可适当地加入本地区的方言文化内容，"帮助学生打通课内环境与课外环境之间的联系，使学生能更快、更好地融入当地的语言环境"。

就语言课程来说，在综合课和听、说、读、写等技能课中可以适当加入一些方言文化知识，内容涉及方言区的地理知识，像对地形地貌、气候土壤、水利、资源等的介绍。因为不同区域的自然环境造就了不同的生产生活方式，而语言来源于实践，特别是具有地域特征的方言，其本身也是一种独特的文化表现形式，代表着独特的文化现象。这在上述对关中方言的分析中可以明显地看出，如跟棉花种植相关而产生的"棉窝窝、帕子"等，跟农作物生产主要是小麦、玉米等谷物相关的各类面食"蒸馍、花馍、锅盔、长面、臊子面、搅团"，这些词汇都具有显著的地理特征，而且还具有一定的文化内涵。另外，方言是传统文化的反映，那么文化课程设置中还应体现出这一地域的历史文化、民俗风情等，因为对外汉语教学既是语言教学又是文化教学。而"地方文化语境是来华留学生最先直接接触的具体语境，除旅游外，他们在华期间的一切生活和学习活动基本上都是在这个相对固定的文化语境中进行"。

那么综合课和技能课的安排，应选取一些具有历史价值、满足实际交际需求的方言文化知识。众所周知，陕西是一个具有悠久历史的文化古城，从周秦文化到汉唐文化，在历经几千年的历史变迁后，这里积淀了灿烂的历史和文化，从对关中方言的物质文化词汇，包括衣、食、住、行等的分析能够看出，方言深刻地打上了传统文化的烙印，与文化密不可分。所以对具有文化意蕴的方言的了解可以减少留学生的交际障碍，让留学生熟悉汉语具体学习环境下的历史文化、生活习惯，有利于对文化的学习，也有利于跨文化交际。

其次，在非语言课程，特别是中国文化学习的课程中，应适时适当地引入方言和传统文化相关内容。初级阶段，可以通过一些体现方言区的自然环境、经济状况、历史文化、风土人情的影像资料、图片等，也可以通过讲座、参观的形式让学生尽快适应自己所处的生活学习环境，从而为汉语的学习奠定基础。在汉语学习的中高级阶段，随着留学生汉语水平的提高，对语言的综合能力要求也在不断提高，可以适时开设专门的传统文化相关课程。方言与传统文化课程，包括方言区的自然地理、历史文化、政治经济等，还有方言与民俗风情、方言与文学艺术等等。方言区的基本情况包括对自然环境和社会环境的了解，可以减少他们在真实语境中的语言交际障碍，同时也满足他们不断提高的汉语水平的实际需要。另外，还可以开一些文化选修课，以满足不同汉语学习阶段留学生对汉语学习的要求。对外汉语教学中，语言课与非语言课应平衡发展，特别是在留学生汉语学习的中高级阶段，应重视文化的学习和传播，增加留学生的汉语知识存储，从而提高留学生的综合语言能力。

## 第三节　教材的编写

合理的教材是教学质量的一个重要保证，所以教材编写也是对外汉语教学的一个重要方面。当前的对外汉语教材，多以北语编写的为主，但"'北语'的教材走的是精英道路"也就是说出的话要符合语法规范，讲出来要体现汉语的美。而中国真实的语言环境是多种方言混杂，即所谓"南腔北调"，所以课内和课外不同的语言环境也让留学生们看到了汉语的复杂多变，这就要求对外汉语教材的编写应贴近实际的语言生活，接触更真实的语境。

"语言与文化是相连的，方言语境所体现的文化特色在对外汉语教学过程中也应该得到体现，比如在课程设置、教材编写中要适当地增添相关内容。"上一节提到对外汉语教学的课程分为语言课程和非语言课程，那么对外汉语教材的编写也应包括语言课程教材编写和非语言课程教材编写。

语言课程即综合课和技能课等的编写，在这些教材中可以适当地引入方言知识和文化，因为方言就像是民族文化的百科全书，展现了不同地域的文化和习俗。而方言的形成又与自然环境和社会环境相关，所以，在教材的编写中应体现方言区的人文地理、历史文化、经济形态等自然和社会因素。比如在综合课或者阅读课中可以引入相关方面的素材，介绍一下方言区的自然条件，如气候土壤、水文条件、资源状况、名山大川等；就陕西关中地区来说，这里气候温和，渭河冲击平原土壤肥沃，而且水力资源丰富，正所谓"八水绕长安"，矿产资源数量居多，有能源矿产、金属矿产、非金属矿产、水气矿产等等，更有五岳之一的"华山"，可谓人文地理资源丰富。从历史文化的角度窥探，这里更是历史和文化的积淀之都，有闻名遐迩的历史遗迹：秦始皇兵马俑、皇帝陵、西安碑林、半坡遗址、大雁塔、小雁塔、古城墙、钟鼓楼等等。这些都反映了古老的中华文明，它们诉说着历史也记载了文化。同时古代的关中既是战争要地又是文化交流集散之地，这里民族众多，不同的文化相互吸收和融合，使得这片土地成为多姿多彩的文化胜地，吸引着来自世界各国的人们。作为中华传统文化的发源地之一，这一地区的语言和文化更应值得关注和探索，所以方言环境下的对外汉语教材，应结合实际，以便学生更好地适应当地的生活学习环境。

而非语言教材，主要是文化相关教材的编写更应该因地制宜，"对外汉语教学尤其是文化教学，必然要联系到方言语境，这样才能使学习者透过方言的蕴藉来了解丰富的中国地域和民族文化"。

所以，除占主流的中华文化教材之外，还可以编写专门的传统文化教材，介绍方言区的自然地理、政治经济、历史文化、文学艺术等等，以满足学生的实际需要；同时还可以开发电子音像教材，利用多媒体、录像、影像、传统文化教学短片等来让留学生了解传统文化，并结合方言区的自然环境和社会环境来了解方言区的衣、食、住、行等传统文化现象，这利于他们全面认识和了解汉语与中华文化，也利于他们的日常交际。

一、课程定位和设置的理论依据

随着中国的全面发展，"汉语热"正在国际范围内持续升温。普通汉语教学已逐渐不能满足留学生的学习需求。近年来，中国的科学技术得以迅猛发展，尤其是在"神五""神六"成功升空之后，中国科学技术的进步举世瞩目，来华学习理工、科技类专业的外国学生人数逐年攀升。根据我们的教学经验，大部分学生在完成普通汉语进修以后直接进入专业学习。然而，他们在一二年级总是很难适应以汉语为主要媒介语的学习，不时有学生出现多门课程不及格、被迫退学的情况。为了让这类学生尽快适应学习，我们就有了开设科技汉语课程的设想。

科技汉语，顾名思义，教学内容应当与科技相关。它跟目前较常见的非普通汉语课程商务汉语、旅游汉语等类似，与普通汉语课程相对，不以日常生活中使用的汉语为主要教学内容。那么，这些课程和普通汉语课程的关系如何？课程要如何定位和设置？定位和设置所依据的理论是什么？本书以科技汉语课程为例从理论和具体设置方面进行探讨。

综观对外汉语教学中各方面的研究，不少理论及研究方法都借鉴并沿袭了西方盛行的语言学与应用语言学偏误分析、语言习得研究。英语是世界上最大的外语学习语言，在给科技汉语等非普通汉语课程进行定位和设置以前，我们不妨参考英语作为外语教学的分类。

根据语言教学的性质，英语作为外语教学这棵大树，可分为通用英语（English for genera propose，EG）和专门用途英语（English for specific propose，ESP）两大分支（H utechinson & Water，1987）。专门用途英语是指与某种特定职业、学科、目的相关的英语。它有几个明显的特点（程世禄，199；张欢，2006）：一是学习者有明确的学习目的，他们是把英语作为一种手段或工具来学习，以便进一步进行专业学习或有效地完成各项工作；二是通过学习，学习者能在某些学科内或职业范围内具备使用英语的能力；三是教学有特殊、专业化的内容。有关专门用途英语教学的理论在西方早在20世纪60年代就开始萌芽并经历了数十年的发展，理论已经比较成熟。

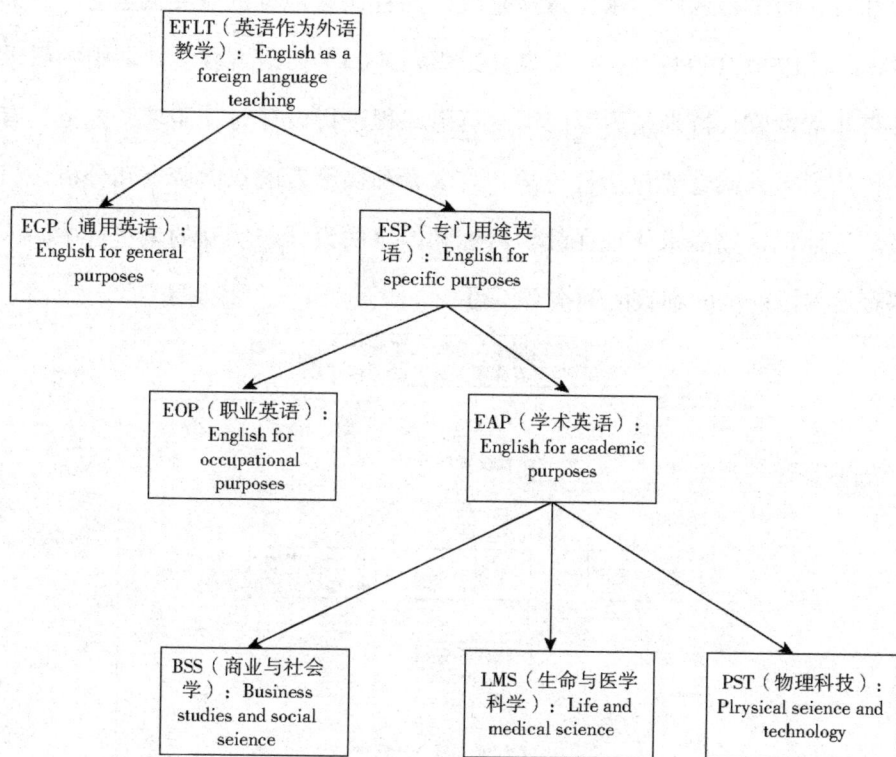

**图7-1　英语作为外语教学的分类**

图中在ESP之下的职业英语（EOP）课程和职业培训有关，学术英语（EAP）课程和高等学校的各专业相关。以此为借鉴，我们提出可以把对外汉语教学分为通用汉语（Chinese for general proposes，CGP）和专门用途汉语（Chinese for specific proposes，CSP）。一般的普通汉语进修课程为通用汉语，科技汉语、商务汉语等就是专门用途汉语。其中，科技汉语又属于专门用途汉语学术汉语类目下的一个分支。

根据Hutechinson和Waters（1987：3）在 *English For Specific Propose* 一书中给出的以学习者为中心的专门用途英语教学模式框架，我们认为以学习者为中心的专门用途汉语教学模式框架完全可以沿用其模式（见图7-2）。由图得知，从课程设置到教学评估形成整个教学过程的循环，课程设置是教学得以顺利开展的基石，而学习者的需求分析又是决定课程设置原则的重要因素之一。Jack Richards（1990 /1994：1，转引自夏纪梅，2003）把语言教学计划中的需求调查看得非常重要，特别是为专门用途英语课程进行设计时，需求调查更具有意义。他认为需求调查要包括教与学、需求者和供给者的双向调查和分析，以便能最广泛地把这些需求体现在教学目标和内容的设计与实施的全过程中。因此在课程设置以前全面细致的调查必不可少。

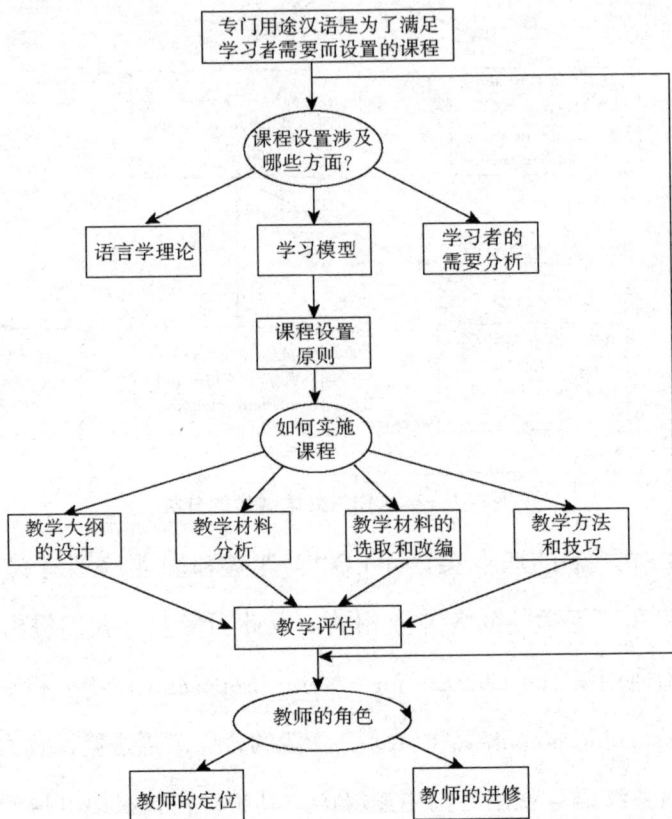

图7-2　以学习者为中心的专门用途汉语教学模式框架

二、调查概述

据了解，在20世纪80年代，我国部分理工院校已开设过科技汉语课程。但是由于当时学生不多，教学效果不理想而一度中断开设。如今随着学习理工专业的留学生日益增多，又有一些理工院校重新开设了科技汉语课程。现在的科技汉语课程开设现状如何？效果理想不理想？为了能更合理地设置课程，让更多留学生获益，我们围绕"教"与"学"两个方面，在理工院校和学生当中做了全面的调查，了解目前科技汉语课程的设置现状、存在问题以及学生需求等。

### 三、调查结果与分析

科技汉语课程的设置现状大致可分为四类：①没有开设；②正在开设；③曾经开设；④考虑开设。四类院校比例见下图。

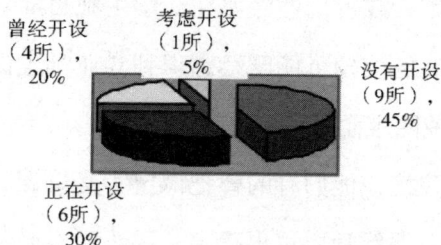

**图7-3　四类院校科技汉语课程设置比例图**

图中的情况不禁使人产生疑虑：科技汉语课程究竟有没有开设的必要？

现在我们再来看看学生的意见（见表7-1）。

**表7-1　学生认为是否开设科技汉语的意见**

| 非常需要 | 需要 | 不需要 | 无所谓 |
| --- | --- | --- | --- |
| 22人 | 23人 | 1人 | 5人 |
| 43.1% | 45.2% | 1.9% | 9.8% |

绝大多数的学生认为需要甚至非常需要学习科技汉语，那为什么这么多学校不开设科技汉语课程呢？据采访所得，有的教学负责人认为"学生入学前通过HSK考试，并达到要求级别，应该没有问题，学习专业以后会慢慢适应"；有的觉得"学生专业不同，不好开课""课不好上"；有的说"没有相关教材"。总结起来，没有开设的原因可归纳为以下几方面：

（1）学生不存在很严重的语言问题，让学生自己适应；

（2）学生分散于各专业，科技汉语课程设置比较困难；

（3）课程定位不明确，课堂操作比较困难；

（4）没有专门的科技汉语教材。

按现行入读高等院校的汉语要求标准，学生只需要通过HSK考试3级或以上即可进入理工专业学习，而HSK 3级水平仅仅是汉语初级的最低水平（国家汉语水平考试委员会，2004）。任何一位有教学经验的汉语老师都知道，学生达到3级水平，对于日常生活也只能算勉强应付，远远没到游刃有余的地步，更不要说能自如地应付理工专业学习。因此，第一个原因说明有的院校还意识不到专业学生的语言困难，或者仍然停留在让学生独自面对和解决语言困难的阶段；后三个原因说明有的院校可能已经意识到专业学生的语言困难，但因为开设科技汉语课存在种种困难而不了了之。

再看曾经开设的院校，他们有的曾把课定为必修课，有的定为补习课。有的教学负责人反映"上课教师要付出很多，因为没有教材"，也有的感觉"成效不大"。可见没有专门的教材，课堂效果不明显，是导致他们停止开课的重要原因。

综合起来，科技汉语对于理工专业学生来说非常重要，不是没有必要开课，而是定位模糊、缺乏教材阻碍了课程的开设，影响了实际效果。

正在开设的院校共有6所，4所把课型定为综合课，1所定为阅读课，1所定为读写课。5所设为必修课，学习时间为一学年，每周2或3节更甚者为4节；1所大学设为选修课，学习半年，每周2节。4所大学采用自编教材，1所大学采用天津大学出版社的《科技汉语教程》系列用书。

很明显，即使是正在开设的院校，对课程定位、课时量的安排和教材处理也都不太一致。师资来源更是五花八门，有的聘请理工科老师，有的聘请文科老师或直接由汉语老师授课。情况就如"八仙过海，各显神通"。那么到底"八仙"能不能"过海"？上课效果理想不理想？3所大学表示效果不明显，他们把这归咎于没有专门的教材或教材太陈旧；2所大学表示学生反映良好，认为自编教材能在一定程度上帮助学习，但是内容系统性较差，比较宽泛，难度不及专业课。6所院校课程的现状至少向我们揭示了两点：第一，科技汉语课程设置仍然处于探索阶段，急需理论指导；第二，编写专门、合适的教材是解决开课问题的当务之急。

1.学习目的

首先，要扫清专业词语和科技术语给学生带来的障碍。我们问过数名专业生，他们认为不认识专业词语和科技术语严重影响他们理解专业知识，"看书的时候看不懂，听课的时候也不知道那个洞语冰语是什么意思"。其次，要解决好学生阅读和听力理解的问题。读和听是语言输入的问题，很好地理解输入的语言是获得知识的先决条件，假如连输入的语言都无法理解，专业学习很难进行下去。其实学生认识专业词语和科技术语，就会减少看书"看不懂"，听课"不知道那个洞语冰语是什么意思"的情况出现。究其本质，"认识专业词语和科技术语"也属于解决理解输入语言的问题。

至于"和中国人交流""能做专业课的作业""能写科技文章"实际上是说和写的问题，属于语言输出，这些在输入、理解并经过自身的思考以后发生，与读、听相比，暂时不是最首要的。"提高汉语水平"则显然不是学生在科技汉语课程里的主要学习目的。

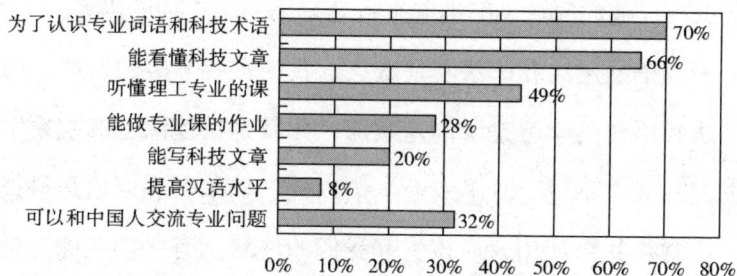

图7-4　留学生在科技汉语课程中的主要学习目的

2.学习内容

我们列出6项供学生选择，还设了"其他"为开放性选项，要求他们按重要性给各项打分，如果认为还有其他未涉及内容可在"其他"处写出。我们统计并按总分排序如下：

| 学习内容 | 非常重要（2分） | 重要（1分） | 一般（0分） | 不太重要（-1分） | 根本不重要（-2分） | 总分 | 排序 |
|---|---|---|---|---|---|---|---|
| 学习专业词语和科技术语 | 68 | 13 | 0 | 0 | 0 | 81 | 1 |
| 学习专业理工知识 | 40 | 21 | 0 | 0 | 0 | 61 | 2 |
| 学习科技文章的阅读方法 | 38 | 22 | 0 | 0 | 0 | 60 | 3 |
| 学习一般词语的用法 | 40 | 15 | 0 | -4 | -2 | 49 | 4 |
| 学习科技论文的写作方法 | 12 | 26 | 0 | -3 | -2 | 33 | 5 |
| 学习语法 | 6 | 14 | 0 | -8 | -2 | 10 | 6 |

"学习专业词语和科技术语"与最主要的学习目的"认识专业词语和科技术语"相对应成为最重要的学习内容，分数遥遥领先。排在第二位的"学习专业理工知识"和第三位的"学习科技文章的阅读方法"得分接近，几乎并驾齐驱。值得注意的是，前三项大都集中在"非常重要"和"重要"两个评价内，没有一个学生认为它们不重要。可见，科技汉语课程不仅需要大量灌输与专业学习相关的科技词语，也要使学生有理工知识方面的收获，还得帮助他们提高阅读理解科技文章的能力。三者紧密联系、缺一不可。几名学生在"其他"上写了意见，有的表示要"学习单位、化学符号的汉语表达"；有的表示要"学一些科技常识"。他们的意见归纳起来也就是第一、二项的内容。

学习一般词语的用法和语法不是重点。我们理解学生的选择，因为对于一般词语的用法和语法的学习是汉语基础课，尤其是精读课上的主要学习内容，不必再重复花时间。不过，除了专业术语以外，如果有些词语是科技文章里的"常客"，经常被频繁使用，应该引起我们的注意，有必要在课上进行适当的讲授。

3.学习开始时间、学习长度和强度

约50%的学生认为应该在专业以前就学习科技汉语；46%的学生认为两个学期比较合适，认为学习三个学期或一个学期的学生比例分别是28%和26%；

有意思的是，在学习强度上，专业生和预科生意向不一致。绝大部分专业生希望每周两节，而预科生则更倾向于每周3节甚至4节。为此，我们专门跟数名专业生和预科生面谈过。一名专业生的看法是"我们专业每天有很多课，有很多作业，我们很忙，而且专业很难，我们真的没有时间"，一位预科生表示"我们以后学专业很忙，现在学习汉语多学一点，以后轻松"。他们的回答解释了为什么他们有不同的选择：上专业后，他们需要投入大量的时间和精力学习专业课程，他们希望科技汉语能帮助专业学习而不是成为专业学习外的又一个负担；相反，预科生不存在专业学习的问题，在预备阶段大部分是汉语基础课程，为了能更顺利地应付今后的学习，他们愿意提前多花时间学习科技汉语。

## 四、基于调查结果的课程设想

### （一）课程基本设置

调查结果显示，科技汉语对理工科留学生来说十分重要，我们认为，课程应该定为必修课，分两个学期设置，为时一年。一般来说，进入专业以前的一个学期开始学习，一直持续到专业一年级第一学期结束。这样做一方面顺应了学生的需求，另一方面也比较符合语言学习规律。开课的时候预科学生大多经过了半年，甚至更长时间的普通汉语进修，具有初级汉语水平，让他们提早一些接触科技汉语有利于他们更快地适应日后的专业学习。进入专业后再学习一个学期，能使科技汉语和专业课顺利衔接起来。

值得注意的是，因为科技汉语本身的语言层次较高，我们建议学习科技汉语的预科生需要具备至少HSK 3级的水平。假如没有一定汉语基础而过早学习，效果必定不理想。

调查"学习强度"一项时，预科学生表现出要尽量多接触科技汉语的欲望。由此，我们安排在预科阶段，科技汉语课穿插于普通汉语课程当中，课时量每周可达4节；到了专业一年级阶段，为了不增加学生的负担，每周课时量一般不超过3节。在专业一年级第一学期开学之初，留学生因为不用参加军训而有一个月的空闲时间，可以充分利用那段时间，适当增加课时量。一学年总计学时量以最多不超过160学时为宜。

课型为综合课，因应两个学期不同阶段而有所侧重。第一学期首先解决学生理解输入的语言问题，侧重培养他们阅读科技文章的能力和科技专业的听力理解能力。第二学期，听、说、读、写四项技能的培养齐头并进。继续提高读、听能力，在此基础上，培养他们良好的口头表达能力和规范的写作能力。目标是学生完成一年课程以后不仅能快速正确地理解视觉和听觉上的语言输入，还能与中国人用适当的汉语进行一些专业性问题的交流，写出一些较为通顺的规范学术报告。

（二）教学内容和教材设置

教学内容和教材两者密不可分，教材内容往往决定教学内容。据调查所得，过去专门为留学生编写的科技汉语教材只有天津大学出版社在20世纪90年代初出版的《科技汉语教程》和北京语言学院出版社20世纪80年代出版的《科技汉语教程》两套系列用书。前者包括三册讲读课本和三册阅读课本；后者分四册听说课本，也有四册阅读课本。暂且不说这些教材均已停印，对开课造成极大的不便；现今科学技术的发展日新月异，教材内容早已不合时宜，急需更新换代，跟上时代的步伐。因此编写一套精练、简洁，又不失系统、富有时代气息的科技汉语教材迫在眉睫。

教材内容应遵循由浅入深、循序渐进的原则。第一学期选用通俗易懂、具有趣味性的科普文章，以减轻学生的畏难情绪，让他们愿意学、乐于学，能在学习中感觉到有所收获。读得懂，听得懂，这样学生才会增强学习的信心。Blour（1984）认为专业英语阅读技能属于高层次的语言技能，即使是母语为英语的学习者也需要经过学习和训练才能掌握。这一理论被列入ESP的教学大纲中，在大学专门用途英语教学中受到高度的重视。此理论同样适用于专门用途汉语，专业阅读应纳入教学内容，从第一阶段开始就要重视，并一直贯穿于整个学习过程。第二学期从宽泛的科普知识向精专过渡，以点带面地扩展，可以出现难度与专业水平接近的专业文章，增加口头表达和书面写作的教学内容。

教材内容还要切合学生学习目的，要体现"新"，要与时俱进。现代科技的新理念、新思想、新探索、新词汇将作为学生最重要的学习目的及学习内容。同时，教材要鲜明地体现科技汉语词汇、句法、语篇和语体的特点。

Dudley-Evans（1998）认为从事专门用途英语语言教学的教师不仅是语言教学的教师，而且还是学生的合作者、课程设计和材料提供者、研究者和评估者。

同样，科技汉语课的教师应当是复合型的人才。尤其是第一学期，教学内容以科普知识为主，又是培养学生读、听能力的初始阶段，需要具有跨学科知识的汉语老师来指引学生上路。教师本身必须具备深厚的汉语言功底和良好的理工知识基础，同时，科技汉语教师必须懂得课程设置原理并能应用相关标准来评估自己的教学水平。只有教师自己的知识结构为复合型，才能驾驭课堂，成为学生的合作者，有效地帮助学生从单纯的语言生向专业生转型。

第二学期，学生已进入专业学习，接触各类专业的教师。那些教师的授课方式和普通话都可能跟汉语老师有巨大的差别，所以不妨采用"汉语老师+理工科老师"的搭配。这样既能满足学生学习语言和理工知识的需求，又提供了学生非汉语老师使用汉语进行专业授课的机会。教学应该是一个互动过程，教材也应该是多种材料的综合，而非一本教科书能解决的。教师应随时追踪学生的学习情况，进行研究，对整个课程、教学效果进行评估，并根据评估结果对课程、教学材料和教学方法等做出适当的调整。

设置科技汉语课程以及编写科技汉语教材的目的不仅仅是让学生多一点科技词汇或科技常识，而是通过教材和课程的设置，提供给学生一套尽快进入学术汉语学习的方法，让他们通过这个学习过程学会怎么学，从而达到能自主和独立学习的程度，这样，才能真正起到学习科技汉语的作用（Offord-Gray C aldred，D，1998）。

科技汉语是学生从汉语作为第二语言学习通向理工专业学习的桥梁，我们借鉴了西方应用语言学的理论，提出将科技汉语课程定位为专门用途汉语课程。通过对"教"与"学"两方面的调查，并顺应学生的需求，制定了较为合理的科技汉语课程方案。希望以此起到抛砖引玉的作用，唤起对外汉语教学业界更多同行对科技汉语课程乃至其他专门用途汉语课程的关注。从架构科技汉语课程引申到其他专门用途汉语课程的架构设想，从而全面铺开专门用途汉语课程体系的构建。

## 第四节　教师的要求

对外汉语教学任重而道远，教师是教学的主导，鉴于汉语语言环境的复杂，这就要求从事对外汉语教学的教师不但要熟练掌握普通话知识，即对汉语的语音、词汇、语法都有深入的研究和掌握，通晓中国传统文化知识，同时还要对一些自己所处地域内的方言文化有所了解。

"对外汉语教学是一项科学性、艺术性和知识性很强的工作"，所以汉语教师素质的培养十分重要。针对对外汉语教学的复杂性，在师资力量的培养上，应严格而灵活。严格性要求对外汉语教师首先要普通话标准，具备扎实的汉语普通话知识、汉文化知识、一定的外语水平及跨文化交际的能力。因为"对外汉语教师要对汉语的语音、词汇、语法等系统理论有较为深刻的理论认识和实际操作能力，才能有效地组织教学，正确处理教学中可能遇到的问题"。

灵活性也就是在打好汉语基本功的同时，要充分了解方言文化知识，这对方言环境下的对外汉语教学具有很大的辅助作用。"有了方言意识和地方文化意识，教师在教学过程中才能保证自己所传授的语言知识和文化知识更加科学、全面。"

另外，方言文化受自然和社会因素的影响，那么作为汉语教师还必须对方言区的自然地理、历史文化、社会状况和民俗风情等有深入的了解和研究。可以通过学习、讲座、学术交流、地方文化研究等方式来增加教师的文化知识积累。传统文化是中华文化的重要组成部分，而关中又是中华文明的发源地之一，从对《白鹿原》中的物质文化词汇的解析可以明显看出，方言与这一地域的自然地理、民俗文化、文学艺术等息息相关，是不同地域民族文化心理、文化特征、不同文化差异的反映。所以，对外汉语教师只有熟悉关中的方言与文化，才能在教学中将方言文化融入汉语教学之中，拓展学生的知识面和文化积累，让学生深入地了解和认识汉语在不同地域的演变及汉文化的形成与发展。

## 一、提高对外汉语教师素质

近年来，中国良好的政治环境和经济实力为汉语走向世界创设了有利条件。随着汉语学习者数量的不断增加，国内外对对外汉语教师的需求量也显著增加。我国原有的对外汉语教师队伍已经远远无法满足目前庞大的需求量，因此，许多非专业教师也加入了对外汉语教学行列。但是人们目前对对外汉语教师职业的认识仍有很多误区，很多人认为只要能说上一口普通话的中国人就可以从事这个职业，尤其是许多非专业教师对该职业也缺乏应有的认识。殊不知，对外汉语作为一门学科教学，教师素质对教学效果有着直接影响，因此为保障对外汉语教学持续高效的发展，提高对外汉语教师素质已然成为不容忽视的问题。

### （一）优化知识结构促教学

优化知识结构是必需的，也是必要的。任何一门学科都有自己的知识结构，但任何学科、专业又都不是孤立存在的，各门学科、专业之间彼此互相渗透、互为依存、相辅相成。合理的知识结构是对外汉语教师必备的基本素质，与时俱进，对已有的知识结构进行优化、迁移、整合是必需的。

对外汉语教师必须具有人文学科的基本素质，除掌握对外汉语专业本体知识以外，还要掌握有关平行学科的基础知识，在纵横交错的知识网中奠定宽厚扎实的基础知识框架，注重加深诸如教育学、心理学等交叉、边缘学科的学习。在这个信息时代，信息量的膨胀激增，加快了知识更新速度，对外汉语教师要不断学习钻研，不断调整已有的知识结构。

对外汉语教师在具备语言本体知识这个教学基础上，还必须具备将理论知识传授给学生的实践知识。实践知识主要源于教师的教学经验，在实际教学中尤显重要。对外汉语教学经验对于一名合格的对外汉语教师是不可或缺的条件，尤其教学对象又是非中国本土文化拥有者的特殊群体，留学生来自不同国家，拥有不同文化背景、不同家庭背景，其个体差异也相当大，对外汉语教师如果缺乏教学经验，势必造成教学中知识信息的误解。要成为一个成熟的对外汉语教师，教学实践知识起着至关重要的作用。

此外，对外汉语教师必须具备一定的外语水平。外语不仅可以增加教师同留学生的交流与沟通，同时它可以帮助对外汉语教师进行汉语同外语两种语言的比较研究，从而实现教学中对知识正迁移的有效引导和对负迁移在某种程度上的避免。语言是文化的载体，任何语言都承载着本民族的文化。对外汉语教师凭借掌握的外语，可以更好地了解留学生，同时也能在教学中因地制宜地创设情境，因情因境地进行中国文化的渗透性教学。

（二）夯实专业知识促教学

对外汉语教学是培养学生跨文化交际能力的第一语言教学，语言各要素的知识和言语技能两个方面是教学的主要内容。语言各要素的教学主要是语音、词汇、语法几大方面的教学；言语技能教学则主要是听、说、读、写能力的培养。很多留学生都是零起点的汉语学习者，所以要求对外汉语教师的汉语专业基础知识必须扎实、准确无误。

语音学习是汉语学习的起点，对外汉语教师准确的发音、正确的语音知识、标准的普通话不仅为教学提供了前提条件，也为纠正学生语音学习过程中可能出现的各种错误提供了有力保障。汉语是一种有质感的美丽语言，词汇丰富、义项颇多、语义复杂，语用功能差异巨大，承载的文化内涵深厚，对外汉语教师必须充分灵活地掌握汉语词词义的知识，才能具备有效迅速解释词义、辨析词义的能力。留学生受母语影响，语法错误无法避免，因此课上往往不敢发言、课下畏惧说话，"聋哑汉语"现象屡屡出现。对外汉语教师只有充分掌握了汉语语法知识，才能有的放矢、敏锐地发现学生的语病，更正错误，帮助学生找到问题的症结，解决难点，把握重点。留学生在教师正确传授基础知识的基础上，不断加深巩固、熟练掌握基础知识，才能领会汉语语言的内在逻辑，正确使用汉语，逐步具备听、说、读、写能力。

另外，规范化的汉字书写是对外汉语教师必备的能力。汉字这种方块表意文字，对于非汉文化圈的西方留学生来讲，既难写，又非常有意思，他们有着浓厚的书写汉字的兴趣，但笔画、笔顺、规范化的书写过程对留学生尤为重要，否则他们将无从下笔，宛若作画。教师正确的书写示范对留学生极为重要，同时教师丰富的文字知识可以帮助学生丰富汉字的内涵、了解汉字、记忆汉字。

（三）改进教学方法促教学

教学是一门艺术，也是一种创造性实践，教学方法可谓多种多样。对外汉语教学无论采用何种教学方法，秉持由易到难、从简单到复杂的原则都是重要且必要的。

当前对外汉语课堂的分班，大部分都是由留学生的汉语水平决定的。很多年龄差异很大的留学生被分配在一个班级的现象并不罕见，同时留学生来自文化背景不同的各个国家，个体差异也很大。在一个年龄差异、个体差异都悬殊的班级，使用同版教材进行教学，已经意味着一种"难"。语言学习，特别是初期的语言学习，反反复复的训练、记忆过程，辛苦而枯燥，机械而疲惫。教师在教学过程中若教学方法不当，极易引发学生的厌倦情绪，导致严重的受挫感。特别值得注意的是汉字本身又带有一定的难写难记性，因此对外汉语教师采用的教学方法至关重要。教师不要拘泥于某种单一的教学方法、模式，要灵活多变，增加课堂的趣味性，活跃课堂气氛，充分调动学生学习的自主性，激发学生的学习兴趣。化繁杂为简单，由简入繁，由易到难，循序渐进，启发引导，努力创设直观形象的学习情境，培养学生的学习兴趣和语感。此外，要充分运用多媒体教学手段。现代教育手段打破了传统的讲授法教学模式，将视听引进课堂，同时也提供了身临其境般的模拟情景，加深了学生的感知，扩大了学生的视野，教学活动因此更生动活泼。师生在宽松愉悦的气氛中学习，教学效率得以提高。

（四）增强教学能力促教学

对外汉语教学中，教师驾驭知识的能力固然重要，但是教师驾驭课堂的能力同样重要。留学生课堂成员组成复杂，年龄迥异，国别不同，文化背景不同，因此对外汉语课堂有其特殊性。教师的组织能力、管理能力、与人交往能力、处理突发事件等能力在留学生课堂更显重要。

对外汉语教师要具备调控能力，协调好留学生之间的关系，营造一种和谐友好的学习氛围。对课堂上可能出现的情况，如冷场或由于某种意料之外的原因导致的课堂失控状况要有必要的应对措施，具备相应的应对能力。对外汉语课堂相对政治敏感性强，不同国家的留学生对中国的关注，对彼此国家的关注，引发课堂上可能对老师提出某种意想不到的政治问题，教师不可忽视对这些问题的巧妙回答。信口开河或极为自我的回答可能招致学生的不满与抗议，因此教师要把握课堂大局，以授课为主，认真对待学生的非课堂问题，智慧地避免影响课堂教学的不利因素，尊重学生、尊重个性、尊重异国文化，建立理解信任的情感关系，相互尊重包容。

另外，教学反思能力对促进教学也尤为重要。教学是一个复杂的实践过程，教学中的失误乃至错误都是难免的，教师要敢于反思，敢于质疑，敢于批评与自我批评，发现问题，解决问题，逐步全方位地提升自身素质。特别是对外汉语教师，要在不断的教学反思中，树立起中国教育工作者执着认真的工作形象。

对外汉语教学是一门专业学科的教学，目前对外汉语教师队伍的素质亟待提高。知识与能力互为影响，对外汉语教师要不断强化知识学习，有意识地提高自身的教学能力。有高素质的教师才能有高质量的教育，对外汉语教师的修为直接影响着对外汉语教学事业未来的发展，因此只有真正了解了这门学科，才能更好地完成对外汉语教学工作。

## 二、教师体态的运用

### （一）体态语的意义——理论层面的分析

由于师生间口头语言沟通的限制，体态语频繁地运用于对外汉语的课堂教学。作为一种无声的语言，体态语在师生互动、信息传递、强化教学效果等方面起到了很大的作用。体态语，是一种非语言交际形式，涉及身体各部分的动作。Valezenoeta1（2003）对课堂教师体态语的研究表明，体态语对于提高学生的认知水平和促进课堂交际的理解有着举足轻重的作用，它能够吸引学生的注意力，能够提供丰富的信息，减轻学生的认知负担，使其拥有更多的认知资源进行学习。

教师体态语是对语言所传递信息的重复或扩展，这种直观的、形象的体态语能够防止或抵制外在因素对学生的干扰，对学生大脑产生一种新异刺激，引起和保持大脑的兴奋，吸引学生的注意力，从而提高学生对有效信息的摄取。体态语是一种图像信息，实现了学生右半脑形象感知与左半脑抽象记忆的有效结合，使教学内容具体化、形象化，增加了学生的直观认识和感性体验，达到最佳的学习效果，进而提高语言教学的成效。

### （二）对外汉语教师课堂教学中体态语的运用

本研究的目的是通过实证性的研究，对研究对象体态语的使用情况进行深入剖析，探讨教师体态语运用在对外汉语教学中的作用和意义。本研究选取了王、宋两位老师作为比较对象。王老师从教9年，宋老师从教3年，均为某重点大学对外汉语教师。两位教师都教授初级汉语口语课，每节课时间均为50分钟，分别教授同一篇课文的12个生词和课文的第一段。两人的教学目标相同，即要求学生能够理解生词的含义，并能正确运用于日常交际情境中；能理解课文第一段的意思，并能根据课文回答理解性问题。在资料收集上，本研究主要采用实地听课、记录课堂笔记、录像和访谈等方法。

第一，教师体态语的运用直接影响了学生体态语的运用。一是使用频率方面，王老师体态语运用频率高，她的学生使用体态语的频率也较高。二是学生的体态语表达方式与教师体态语的表达方式基本相同，这说明教师的体态语有很强的示范作用，尤其是对外汉语教学，很多学生认为老师的体态语表达方式，就是中国人所常用的体态语的表达方式。所以，对外汉语教师体态语的表达方式在学生眼中也具有文化意义。

第二，面部表情在对外汉语教学中的重要调适作用。王老师从教9年，具有丰富的教学经验，善于利用面部表情传递信息，表达情感。她上课时面带微笑，且面部表情可随课堂情境的不同而变化，学生的表情也很丰富，课堂学习时倦怠感较少；宋老师的面部表情则较为严肃，且缺少变化，因此学生的表情也很单一，且语言学习的焦虑和疲劳感较强。所以，对外汉语教师适当地丰富自己的面部表情，有利于创设良好的教学情境，激发学生的学习兴趣，营造和谐轻松而又愉快的语言学习氛围。

第三，师生间目光语的交互作用。目光语是体态语的一种重要表现形式，可以表达比语言更深切、更微妙的含义和情感。王老师在讲课前和讲课过程中，都会以目光扫视全班同学，使每个学生都感觉到时刻被关注着，在稳定教学秩序的同时，也提高了学生学习的热情；在提问、学生回答问题和做练习时，王老师以柔和、热诚的目光表示对学生的热情和赞许，给予学生及时的鼓励和肯定；但有时也会以严厉的目光提醒学生集中精神或对学生的某些行为表示不满、批评和制止，这种目光语的批评方式，相对于严厉的语言批评而言，让学生有一种被尊重感。

（三）体态语的意义——实践层面的分析

对外汉语教学中教师体态语的运用虽然不是决定教学质量的充分条件，但却是必要条件。教师课堂体态语的有效使用对对外汉语教学质量的提高具有监督和促进作用。通过对外汉语教学中教师体态语的"实然"研究，我们认为教师的体态语对对外汉语教学的重要作用主要表现在以下五个方面。

第一，辅助作用。体态语的使用能够增强有声语言的传递力度，可以强化言语语义和增加口头语言表达的效果。在汉语教学时，教师很难做到让每一个学生都听懂教师所使用的每一个词、短语和句子，但借助自身的肢体动作，教师就可进一步准确地表明自己的意图。比如王老师在讲解生词时尽可能地伴随着体态语的运用；在讲解课文时也以姿势辅助说话，以眼神传真情，从而引起学生情感上的共鸣，使课文中的内容形象生动地呈现在学生的脑海中，加深语言信息的理解和吸收。在访谈中，王老师说："体态语对增强学生的理解和记忆非常有效。我记得特别清楚，有一次让学生谈自己的爱好，有一个学生说她喜欢看电影、打篮球、买衣服。因为打篮球这个词没有学过，所以我立刻做了一个打篮球的动作。结果后来我提问同学们这个学生的爱好时，几乎所有的同学立刻回答'打篮球'。我问：'还有吗？'大概半分钟后，才有一个学生说'看电影'。买衣服这个爱好已经不记得了。"

体态语还能以"润物细无声"的作用促进师生间的情感交流。对外汉语教师面对的汉语学习者来自不同的国家，很多学生是第一次来中国，中文水平又很低。如果教师面对一个零起点的汉语学习者，面无表情地只是用汉语在生硬地授课，势必会加剧学生汉语学习的焦虑感。

同样，体态语对学生的语言表达也具有辅助作用。有研究表明，人在言语交际出现障碍时，特别是在词语的提取出现障碍时，常常借助于体态语。在笔者听课的过程中，宋老师问学生："你最喜欢的运动是什么？"学生回答"我喜欢……"回答"足球"时，对这一词语的提取出现了障碍，这时学生先做了一个踢球的动作，过了一会儿，说出了"足球"。

第二，替代和暗示作用。体态语的替代和暗示作用，不仅是对某一汉语词汇的替代和暗示，在组织教学上同样具有事半功倍的作用。在笔者听课的过程中，王老师正在神采飞扬地上课，突然一位迟到的学生轻轻地推开了门，站在门口。此时，王老师并没有停止上课，为了避免不良影响，她只是用微笑和点头示意学生进来，体态语完全替代了口头语言，进而保证了课堂教学的正常进行。同样，在教学过程中，当学生注意力不集中时，教师严肃的注视往往比言语的批评更有效果；学生回答问题时，教师的点头、微笑和目光既是对学生回答的肯定反馈，也是对学生的鼓励。尤其是语言教学，为了实现语言交际目标，学生自信心的建立非常重要，这种替代和暗示，可以减少对学生自尊心的伤害，对战胜不敢开口的胆怯心理有重要作用。

第三，反馈作用。在课堂上，我们发现有的学生坐姿端正、目光注视教师、对教师的讲述有体态的反馈，并随着教师的表情变化而变化；有的学生则相反，坐姿不端正、目光游离或空洞、对教师的讲述无体态反馈，没有互动。研究表明，体态语是个人内心状况和意向的主要表露形式，是学生心理的外在表现。体态语既能反映信息发出者的意图，也能反映接受者的思想。信息发出者可以通过接受者的体态语捕捉到交流的反馈信息。比如当教学内容适合学生的兴趣和需要时，学生会做出点头、微笑和眉宇舒展等动作；当教学难度或进度超过学生的承受力时，学生会下意识地发出皱眉或挠头等体态信号。所以，教学时教师除了要注意学生的口头语言表达以外，也要随时"倾听"学生体态语言的"诉说"，并能根据学生体态语反馈的信息分析学生的心理，及时调整教学内容、速度和方法。

第四，学习与传播中国文化的作用。笔者通过对教学录像的分析，可以发现王老师的体态语种类较为丰富，使用频率较高，直接影响到学生体态语的运用情况，而且教师体态语的使用类型决定了学生使用体态语的类型。这些学生使用的体态语均是课上对教师体态语的模仿，课堂上几乎不会出现两位教师没有使用过的体态语。教师使用体态语的频率决定学生使用这一体态语的频率。

体态语既是课堂教学时辅助口头语言表达的交际工具，也是一种文化的载体，它是文化的重要组成部分。不同国家和民族的体态语能够折射出不同的文化环境、生活方式、思想观点、宗教礼仪、价值观念和思维习惯等。比如王老师在讲有关中国人见面问候的内容时，一边说"你好"，一边招手。学生们立刻意识到，中国文化背景下见面问候的方式是"招手"。这就与一些国家"亲吻""拥抱""擦背"的问候方式完全不同。中国人见到老师或长辈时，会立刻站好，毕恭毕敬地说"您好"；日本和韩国人会一边问候一边鞠躬，往往是深鞠躬；欧美人则较随便，会直接称呼姓名，说一句"Hello"。王老师上课面带笑容，表情丰富，很有激情；而宋老师的表情较为单一和僵硬。在笔者对学生的访谈中，王老师的学生认为："中国教师上课很有意思，很会表演，很亲切。中国人很友好。"相反，宋老师的学生认为："中国老师很少笑。就像我在马路上遇见的中国人一样，他们很少笑，都不太高兴。我觉得中国人是不喜欢笑的。"有的学生甚至对"中国是微笑的国度"这句话产生了极大的质疑。

文化教学是对外汉语教学的重要内容，作为课堂交际重要手段的体态语同样负有"文化使命"。对外汉语教师在课堂上的一举一动皆具有传播中国文化的重要意义。

第五，促进对外汉语教师反思的作用。王老师告诉笔者："我对体态语的重视是从汉语语音教学开始的。众所周知，声调对于第二语言汉语学习者是最难习得的。在语音教学的不断实践中，我们发现手势语对学生的语音学习很有帮助。现在每当学生声调错误时，我都会一边纠正，一边做声调的手势。通过对教学实践的不断反思，我们研究出一套有关汉语语音的手势语，这套语音教学手势语已经在我的正音课上取得了很好的教学效果，也使正音课变得不再枯燥了。"宋老师也认为："在讲授一些不易理解，较为抽象的词汇或内容时，体态语的运用是非常有帮助的。比如表示表情的词汇，或者类似'碰钉子''吃闭门羹'等词语，配上体态语的讲解，教学效果非常好。我们现在正在思考如何把体态语用于汉语语法教学。"

另外，体态语的运用与调整也是一个伴随着教师自我反思的过程。近年来，反思是教师教育和教师专业发展研究领域的通用词汇。反思是由杜威最先提出的，他把反思看作一种对需要解决的疑难情境的思考方式，并将反思定义为"对某个问题进行反复的、严肃的、持续不断的深思"。在此基础上，舍恩提出了"行动中反思（reflection in action）"的概念，"行动中反思"是实践者处理令人困惑的、多样的实践情境时所展现的艺术性的核心。对外汉语教师可以通过对教学体态语的反思，使教师从固定的理论和技巧中解脱出来，更好地处理教学情境中遇到的各种问题，变成实践中的研究者，通过教学体态语的反思构建一种新的适用于特定教学情境的理论。

## 第五节　语言文化测试与评估

语言测试主要是检验学生的语言能力和教师的教学效果，是教学质量的重要保障，同时也是对教学的反思和改进。汉语测试主要是为了检验学生的普通话掌握水平，包括听、说、读、写及语言的综合表达能力，其中也包括对汉语文化知识的了解和掌握。那么，为了满足方言环境下的汉语学习的实际需求，可以在测试中适量加入对方言常用词汇及生活习惯、社会习俗、风土人情等传统文化的考查，从而测试学生的综合汉语水平及实际运用能力。

语言测试与评估主要在听、说、读、写方面，也就是对普通话基本功的掌握。而综合能力的考查则不仅仅是在以上四个方面，当然还包括地理、历史、政治、经济、文化等全方位的检测。那么从这一点上来说，当学生的汉语水平达到一定程度时，对综合能力的考查至关重要。所以在汉语学习的中高级阶段，测试与评估的内容不能仅局限于课堂课本所学，还应结合学生的实际水平和要求，加入传统文化的考查。前面提到在中高级阶段教材中可以编入一些方言区的人文地理及历史文化方面的内容，那么相应地在考查中也应该有所体现，如陕西关中人文地理环境知识、社会历史文化知识的考查等。考查内容可来源于综合课、技能课、文化课等课程，也可以检测学生课外汉语知识的积累情况。这是评估学生综合能力的一种方式，可以看出学生的汉语综合能力水平，也能了解学生的跨文化交际能力，从而发现汉语文化教学方面的不足和缺失，更好地促进文化教学和中华文化传播。

目前，开设留学生汉语本科专业的高等院校越来越多，回顾自新中国成立至今对外汉语教学事业的发展，自留学生汉语本科专业学历教育创立之初到国际汉语教学蓬勃发展的当前，文化课程就是留学生教育中非常重要的一类课程。在不同的时代，留学生汉语本科专业课程中文化课程的具体内容虽侧重不同，各有特点，但这类课程始终是学历教育课程中不可或缺的组成部分。

本书基于教学实践，主要讨论以留学生为教学对象的文化课程中，如何调整测试理念、改变测试形式以取得更好的教学效果。

一、国内外有关文化测试的研究

国外对文化测试的研究发源于20世纪70年代，最广为人知的是Nostrand于1974年提出的"新兴模型"（Emergent Model），这种文化分析模型为外语教师进行文化教学和测试奠定了基础。继Nostrand之后的学者，则从测试目标、内容、方法等方面展开了研究，取得了一些成果，形成了一些较有影响力的理论。

国内外文化测试理论对文化测试的内容提出了不同的分类标准和测试目标。其中，Lessard-Clouston提出的文化意识、文化知识和文化技能的测试内容对中国外语学界影响较大。文化意识指对目的语文化差异的敏感性和对目的语文化的实际功能的理解。文化知识即关于目的语文化和社会文化情境的信息。文化技能指运用目的语文化进行交际的能力。但总体来看，有关文化测试的研究在国外发表的数量很少，研究者分析原因在于文化测试本身的难度以及语言教师很少接受测试方面的训练。

国内学术界对文化测试的研究则主要集中于大学英语文化测试，在外语文化教学日益受到重视的背景下，国内学者在大学英语文化教学与测试方面进行了颇有成效的研究和实践。

从对外汉语教学的相关研究成果来看，目前看到的有关测试的研究，均属于语言测试的范畴。汉语测试研究出现于20世纪80年代初，并在80年代末至90年代初开始了对评估研究的转化。20世纪90年代到21世纪初是对外汉语教学事业繁荣发展的时期，汉语成绩测试的研究也有了长足的进步。此外，分班测试、诊断性测试、单项语言技能测试等方面的研究也得到重视。随着汉语国际推广工作的开始及逐渐深入，国内的对外汉语教学开始了对国外语言测试与评估成果的文献整理，对测试和评估的重视程度普遍提高。

1992年吕必松在《对外汉语教学概论讲义》中对对外汉语测试问题进行专节阐述，阐明了对测试目的、任务、项目和内容的基本认识，"把语言测试看成语言教学的一个组成部分"，认为测试必须跟总的教学目标一致。近年一些将测试研究与教学效果联系起来的实证研究成果，验证了考试的回流效应。回流效应可以是积极的，也可以是消极的。即考试对教学的影响，有正面的也有负面的，如果考试的内容与形式与教学的目标相符，不但能检测教学的效果，也能产生积极的回流效果。崔颂分析了中美两国多所大学及暑期短训班成绩考试的情况，讨论了如何创造积极的回流效应的措施，提出对外汉语教师应该研究测试的理论和实践，以提高对外汉语教学和研究的水平。

目前测试的研究趋势是，一方面对单项语言技能测试的研究正在继续深入当中；另一方面，伴随着新的教学法产生的新的测试观念也开始进入研究者的视野。娄毅、朱瑞平介绍了美国的AP汉语与文化考试，并与HSK考试和日本的"中国语检定"考试进行了对比。虽然如此，对于对外汉语教学测试与评估的研究还是比较零散，尚未形成规模，研究成果也不够丰硕，有关文化测试的研究尤为不足，对文化测试的理论介绍和研究都较少。可以说，文化测试的研究和实践是文化教学最薄弱的环节。

二、对外汉语教学中文化课程的成绩测试形式与理念

文化测试的形式与文化教学的目标、原则和内容有着密切的联系。本书讨论的文化课程，主要指各高校培养汉语言专业留学生的文化课程，是在《高等学校外国留学生汉语专业教学大纲》的指导下展开教学的。以《中国概况》为例，按照教学大纲的要求，这门课程"主要介绍中国的地理、人口、民族、政治、法律、经济、外交、教育、科学、语言文字、文学艺术、民间习俗等基本概况"。授课以当代为主，适当偏重留学生感兴趣的内容，具有时代感。

从教学目标来看，开设这类课程的目的是帮助学习者在学习语言的同时了解文化，从而在语言教学的过程中达到交流的目的。课程的内容属于与目的语文化和社会文化背景相关的文化知识类，对于文化知识的测试，一般采用的是纯粹型的文化测试，即试卷中的试题项目都测试文化，考查学生对于一些具有客观性的文化事实的掌握程度，题型则是传统的填空、选择、判断、名词解释和问答题等。

北京师范大学开设的留学生文化课程《中国概况》所采用的成绩测试方式

属于这种纯粹型的文化测试。在期末闭卷笔试中，以教学内容为考试范围，考查留学生对相关文化知识的掌握，关注点侧重于学生的记忆。在教学中我们发现，在笔试中，经过考前准备留学生可以较为准确地回答教师教授的基础的文化知识点。但对那些需要他们灵活利用所学文化知识进行回答的题目，则无话可说，一些语言能力较差的学生甚至难以通过笔试。

有研究者认为，在纯粹型文化测试中，学生主要靠死记硬背通过考试，"学生可能会在最后一分钟将一大堆的人名、地名、日期和事实灌进脑子里，过后便会忘得一干二净""答对这些题目只需肤浅地了解地理和历史的事实就可以了"。还有一些学者提出，由于文化测试具有的主观性和复杂性，必须很好地解决文化测试标准的问题之后再进行测试。"只是从形式上片面、肤浅地对文化学习进行测试反而会挫伤学习者的积极性，甚至对他们的文化学习起到误导作用。"

在教学中我们也感受到，纯粹型文化测试可以区分出学生成绩的等级，但对于促进他们掌握文化知识、提高跨文化交际能力起到的效果不够理想。

语言和文化不可分割，所以语言教学也很难脱离文化的内容。从美国、欧洲和中国外语学界文化教学的发展来看，文化在外语教学中的作用和地位的变化基本上经历了三个阶段：第一阶段即外语教学与文化欣赏阶段，文化教学的内容主要是有关目的语文化中的历史人物、重大事件等被称为大写文化的内容，主要是20世纪五六十年代；第二阶段是从七八十年代开始的，外语教学以提高学习者的交际能力为目的，在日常生活中所包含的那些容易造成交际误解和失败的文化差异教学所引起的关注；在第三阶段，文化教学取得了与语言同等重要的地位，文化教学和语言教学一样，既是教学手段，也是教学目的。

同样，随着对外汉语教学的不断发展，研究者聚焦于汉语语言教学和文化教学的结合，不断探索文化在对外汉语教学中的界定、语言教学和文化教学的关系等问题，已经取得了一些重要的研究成果。在语言课教学中，越来越多的语言教师认识到把语言教学与文化教学结合起来的必要性，并进行着各种尝试，但是目前的研究还"很少看到如何把对外汉语文化教学的理论应用到课程设计、课堂教学中的研究成果。虽然很多教师都认为，文化是汉语语言教学中不可分割的一部分，而且也试图通过不同的方式方法让学生了解中国文化，但是由于文化内容还没有像汉语语法内容那样，已经在汉语教学领域形成一套有系统的教学法"，也缺乏"把文化内容系统地介绍给学生的教材"。所以，在汉语教学中系统介绍文化内容具有很大的难度，教师则普遍对于加强学生文化认知能力的认识不足。

另一方面，从当前开设的文化课程来看，采用的教学方法还是传统的文化知识传授法，特别是在中国的知识观与教育观的影响下，在教学中重视书本知识的传授。从教学内容来看，是一种单一文化（monoculture）的教学，基本内容以与语言学习相关的中国文化为教学重点。因此，目前以留学生为教学对象的文化课程，也自然而然地选择了基于教学大纲、以教材为中心检验学习效果的测试形式。

这种成绩测试形式具有一定的局限性。首先，成绩测试的考查更重结果，在很大程度上忽略了对学习过程的考查。其次，从教学效果来看，学习者在这种教学和考试模式下只是对文化知识的简单接收，思考和互动不足，也难以在实际中应用。最后，从测试的内容来看，属于纯粹型文化测试，文化与语言是分离的。

三、文化课程测试与评估方式的转变及探索

随着汉语走向世界步伐的加快，在海外的汉语教学中，教学的内容与方法在不断地调整，海外汉语教学的实践对国内的文化课程教学有很大的理论启发和实践意义，语言教学观念的转变必将影响到文化课程的教学。

在全球化进程中，语言对不同国家间交流的重要意义凸显出来。21世纪初，各国重新制定了第二语言的教学和评估标准，影响力比较大的如美国的

《21世纪外语学习标准》《全美中小学中文学习目标》《欧洲语言教学与评估共同纲领》等。其中比较明显的趋向是在语言教学中立足交际法理论和任务型教学法理论，强调培养交际能力；在培养学习者外语能力的同时，注重各项能力的全面发展；重视文化因素，促进多元语言文化的认同等。

语言教学与评估观念的变化也促使我们对目前文化课程的测试与评估方式进行反思。当前文化课程还存在如下的改进空间。

首先，可以改变测试形式。一方面，应重视过程性的评价。另一方面，在具体的题型设计上，可以增加考查学生文化意识和文化技能的题目。

其次，可以适当调整教学方法，除了让学生了解文化事实外，还要有意识地培养学生的跨文化交际能力，重视文化意义的解读，帮助学生理解文化符号。

最后，在教学内容的选择上，可以增加文化对比的角度。在教学中，在介绍了关于目的语文化的一些基本事实之后，可以引导学生从自身文化背景出发，用比较的方式，发现和分析母语国家与目的语国家文化观念和文化习俗的异同。在全球化的大背景中拓展认知视野、丰富认知方式，促进学生在文化对比中，深化对本族语言文化的理解。

在新的教学观念和测试理念的指导下，通过调整测试形式、教学方法和教学内容，将使文化课程在留学生的语言学习中起到更积极的作用。

在《中国概况》的教学实践中，我们就从新的二语习得理念出发，从测试形式的改变入手，进行了改善教学效果的尝试。在测试形式上，重视过程性的评价。Hughes曾说，"教学与测试的正确关系应是伙伴关系……测试应该鼓励好的教学，必要时对差的教学发挥正确的影响"。在《中国概况》的教学中，我们改变了只重视评定分数等级和最终检测的做法，开始关注学生的学习过程，将小组作业的表现分数与笔试的成绩评定结合起来。根据我们的教学实践和学生的反馈意见，这种重视学习过程的成绩测试形式有一些积极的作用，可以有效地调动学生的学习积极性。学生在完成小组作业的过程中，将文化知识的增长应用于交际活动，使文化知识帮助其交际能力获得提高，在一定程度上摆脱了文化学习与语言实践脱节的"困境"。在调查中，67%的留学生都对这种评估方式比较肯定。

除了重视过程性评价之外，测试的形式和内容设计都开始关注对留学生交际能力的培养。我们以任务型教学法为基础，在文化课程学习中设计明确、具体、可操作的任务，使留学生在传达观点、讨论问题的过程中，促进对语言的学习。我们设计了若干文化调查任务、中国社会热点问题的调查问卷等小组作业，鼓励留学生用目的语在另一种文化背景中交际，对于提高他们的外语能力、跨文化交际能力有积极的作用。

我们的教学实践表明，课程的教学和测试之间可以形成一种良性的循环，有利于促进文化课程教学目标的实现。为了达到更好的教学效果，我们还需要在实践中进一步探索，除了教学和测试理念的改变之外，如何从课程设计的角度调整教学内容，关注测试与评估都将是重要的环节。

# 第3篇
## 汉语国际教育视角下的民俗

### 第八章 对外汉语教学中的民俗文化解说

#### 第一节 民俗文化的定义

民俗原本是一个外来词，它是从日语中借用来的。英语称民俗为"folklore"，直译为"人民的知识""群众的智慧"，后来由此生发出一门专门研究人类文化的重要学科。每个国家和民族都有自己独特的风俗习惯，民俗可以生动直观地反映一个地方的精神气质、行为习惯和内心信仰，是社会生活的记录者和创造者。民俗就像一个社会活的历史书，也是一个民族和社会的活化石。通过民俗的传承和发展变化，我们可以清晰地看到一个社会文化发展的走向和脉络，民俗是研究一国文化最重要和最直观的依据和资料。在中国，关于民俗文化的俗语有很多，如"十里不同风，百里不同俗"，说的就是一个地方有一个地方的风俗。中国地域辽阔，56个民族在这片土地上共同生存，因此不同地域和民族也有着不同的生活习惯和宗教信仰，民俗也存在着南北东西的地方差异。《庄子·山木》云"入其俗，从其令"，就是讲"入乡随俗"的重要性，"入境先问禁，入乡先问俗"也是此意。不仅在中国，在世界上也是一个公认的常识，如西方有句俗语"Do as the Romans do"也是"入乡随俗"的意思，到了某一国家就要了解和遵守该国人的行为习惯，适应和学习该国的风俗。何谓民俗？简单来说，民俗就是社会各种风俗习惯的总称。具体来说，民俗是指一个国家或民族的集体大众共同约定俗成、共同创造、代代相传、世代沿袭的生活模式和行为习惯，民俗的本质是一种社会文化。其根本特征是"超越世代、绵延不绝的社会与文化传承"。民俗是老人口中的话语、孩子的红肚兜、公园里老人的抖空竹、新娘的花轿嫁衣和红盖头、过生日时的一碗长寿面、过春节时热气腾腾的饺子，民俗踏实地存在于人们社会生活的方方面面并且生生不息地流传下去。民俗是民族文化之根，它适应了各个时代的人们在生活上和精神上的需求，从而成为一个民族共同的精神文化财富。民俗文化是一个国家文化中最生动、最形象的部分，是外国人观察和了解一个国家最直接的窗口。

首先，民俗是一种生活文化，民俗是一种生活方式。如中国人吃饭都用筷子，谈恋爱一般为男方主动，房子喜欢坐北朝南，生孩子送喜蛋。这些丰富的民俗蕴含在平常的生活中，存在于人们的衣食住行里。

其次，民俗是一种文化模式，民俗是不成文的规定。如过年贴春联、贴"福"字、放鞭炮、大年初一拜年，这些都已成为一种固定的生活模式深深地存在于每个中国人的心中，成为一种大家都遵守的规范和模式。再如，男婚女嫁，男女双方在领完结婚证以后还要举行隆重的结婚典礼，宴请双方父母、亲朋好友，让大家共同见证这段婚姻，这样才算正式结婚，在中国人的心中才承认这一婚姻关系的缔结。

最后，民俗是一种行为规范，民俗对人们的思想具有普遍影响力。如中国人的始祖是人面蛇身的伏羲和女娲，民间也流传着《白蛇传》的传说，甚至被改编成影视作品，传说中的白娘子是敢爱敢恨、侠义心肠、贤良淑德的女子，深受人们喜爱。这与中国的蛇崇拜和龙信仰是密不可分的。所以在中国的许多地方，蛇是神物，不能随意打杀。蛇成为"小龙"，也是十二生肖中的一位。许多人对蛇有敬畏心理，看到家蛇会恭敬地离开，认为家蛇会保佑家人的平安健康。

## 第二节　民俗文化的特征

中国民俗包罗万象，涉及的领域非常广泛，关于它的分类也没有统一的标准，但是只根据有形和无形把民俗分为物质民俗和精神民俗，或是根据个体和社会把民俗分为人生民俗和社会民俗的这种一分为二的分类方法都不是最全面和科学的。根据中国民俗所涉及的主要方面，大致可以把中国的民俗分为以下九个方面：日常生活民俗、人生交际民俗、岁时节日民俗、生产商贸民俗、社会组织民俗、民间信仰民俗、娱乐民俗、语言民俗和民间文艺。

其中，日常生活民俗包括衣、食、住行四大方面，分别对应着服饰民俗、饮食民俗、建筑民俗和交通民俗。

人生交际民俗包括两方面：一是人作为个体从出生到死亡的生命过程中经历的出生、成年、婚嫁、去世各个关键点的习俗；二是人作为社会集体的一个有机组成部分与他人和社会的交集，人如何与他人交际和沟通，如待人接物、走亲访友、欢聚离别等。

岁时节日是说中国在漫长的历史进程中保留和延续下来的精华部分，各种独具特色的节日，如中国的农历和二十四节气、春节、元宵节、清明节、端午节、中秋节、重阳节等。除此之外，各个民族还有自己多姿多彩的节日，如藏族的"雪顿节"，苗族的"吃新节""跳花节"，回族的"开斋节""古尔邦节""圣纪节"，蒙古族的"祭敖包""那达慕大会"，彝族的"火把节"，傣族的"泼水节"，等等。

生产商贸民俗包括中国农林牧副渔的各项生产活动中的习俗，以及商业和手工业中的风俗。其中以农业民俗最具特色，中国有许多农谚，如"庄稼一枝花，全靠肥当家""日没胭脂红，无雨即是风；日出胭脂红，有雨不到中。天上钩钩云，地下雨淋淋"这些农谚都是人们长期生产劳作的经验总结。东北狩猎民俗也别具特色，狩猎是集体活动，要推举首领，下山时不能把窝棚和粮食柴火带走，因为要供给山上迷路的人使用。此外，民间狩猎猎获大型动物时还有"上山赶肉、见者有份"的习俗。

社会组织民俗是指人们在特定的条件下结成的社会共同体所共同遵守的习惯准则，社会组织主要由血缘、地缘、业缘、身缘、血缘等关系组成。社会组织制度主要有习惯法、人生礼仪、家族行规、民约乡规等。社会组织民俗规定了个人和团体的行为处事规范，是这个社会十分重要的约束和准则，对个人和某个集体起着较大的作用。中国是十分讲究血缘和家族关系的，宗族制度中具有代表性的有五服、九族、族谱、族长和各种家庭称谓。中国的家族称谓众多，令外国人头疼不已，一个英文单词uncle在中国人这里会变成"叔叔、伯伯、舅舅、大叔、二叔、三叔"等不同称谓。中国的家族制里辈分也是十分严格不能更改的，具有严格的长幼顺序，而在国外却没什么严格的辈分观念。

民间信仰习俗主要体现在各种崇拜心理上，按崇拜的对象不同可以分为自然崇拜、祖先崇拜、行业崇拜。民间信仰大都有着功利性和目的性，多为祈求福禄寿喜，消灾避难。如中国民间信仰中的诸神，遇到求雨、建房、婚丧常常会向玉皇大帝祈求，希望治病得子一般向观音娘娘祈求，三教九流的帮派则会拜关帝，做生意的会请财神，出海打鱼的渔民则信奉妈祖。

娱乐民俗包含了各种活动、游戏等，丰富了人们的生活。各种娱乐活动百花齐放、争奇斗艳，如舞龙舞狮、扭秧歌、杂技、抽陀螺、滚铁环、抖空竹、爬杆、拔河、踢毽子、荡秋千、放风筝等。这些娱乐民俗林林总总，但都有利于人们的身体健康和智慧发展。

语言民俗是主要以口头形式流传下来的独特的语言形态。中国的语言民俗主要包括谚语、俗语、歇后语、谜语、吉祥语和禁忌语。这些语言形态都包含了丰富的意蕴和内涵，成为语言中独特的分支和组成部分。语言民俗一般也都十分富有智慧性和趣味性，朗朗上口、通俗易懂、过目难忘。如俗语"饭后百步走，活到九十九""三百六十行，行行出状元""在家靠父母，出门靠朋友"，这些都是大家耳熟能详的话语，深深地印在人们的脑海里。俗语非常生动有趣，如"猴年马月、十冬腊月、吃老本、趁热打铁、穿小鞋、戴帽子、炒鱿鱼、打光棍、跑江湖、枕边风、耍把戏"等等，这些词语不仅仅是简短的语言形式，其中蕴含的大量文化和民俗信息，值得细细体味。

民间文艺分为民间文学和民间艺术两部分。民间文艺具有实用价值、艺术价值和科学价值。民间文艺是人们表达思想、情感、愿望的有效途径和手段。例如民歌可以歌颂爱情，船工号子可以鼓舞劳动气氛。民间文学中的传说、故事、寓言、笑话、诗词歌赋曲、戏剧更是智慧的结晶。还有一类是在传播中国文化中起到重要作用的民间艺术，如民间手工艺剪纸、年画、刺绣、雕刻、陶瓷、捏泥人等，这些独具东方风格的艺术深受外国人喜爱。把这些民俗文艺事象作为对外汉语教学的一部分，对于培养外国人学习中文的兴趣，在世界范围内推广中华文化是十分有益的。

## 第三节　民俗文化的类型

中国民俗能够在世界民俗中独树一帜，是因为其自身具备了许多特色和特征。总结起来，有如下九个方面。

### 一、历史性

中华文化历史悠久、源远流长，上下五千年的文化与历史孕育和滋润了民俗文化。作为中华文化最生动和外显的民俗文化，其历史和传承也历经沧桑。

一些看似稀松平常、家喻户晓的民俗事象，历史根基却可能很久远。比如农历五月初五的端午节，历久弥新，已成为中国最具代表性的文化节日之一。在这一天，每家每户都会包粽子，把艾草放置在门口，给小孩佩戴"五色丝"，用于驱邪除魔、祛病强身。此外，人们还会喝雄黄酒、佩戴香囊，举行热闹的赛龙舟活动。至于端午这一节日的来历，比较流行的说法是为了纪念中国古代伟大的爱国主义诗人屈原。相传人们听到屈原投江的消息后十分悲伤，纷纷从家中出来把用米做成的饭团扔进江中避免鱼虾吃掉屈原的身体，人们还争相恐后地划着小船希望能到江中去救屈原，后来就演变成了龙舟比赛。屈原所在的年代是距今十分久远的楚国，可见端午节这一民俗悠久的历史渊源。端午节之所以能够历经千年仍然生生不息，是因为它反映了中国人的传统观念，在龙舟比赛中人们可以增强凝聚力，巩固人与人之间的关系，使中华民族在历史的长河中更加团结进取。

## 二、多元化

中国自古以来就是一个各民族相融合的国家，各民族相互交融、相互影响。西北的戎狄、南方的三苗、东方的夷人和中原的华夏族是中国早期的先民，也是中华民族血脉最初的组成部分。在此之后，随着历史的变迁，以汉族居核心地位的中原文化成为主导，其他各个民族杂居在一起，共同存在于华夏大地上，各个民族相互借鉴和融合，同时也各自绽放着夺目的光彩。在漫长的历史演进中，各民族之间和平相处，互相学习，有时又以战争的方式进行碰撞，在这种民族的不断交往碰撞中，少数民族的文化习俗被纳入整个大中华的文化体系之中，但又保留了其自身的特点与风格，最终使得中国民俗丰富多彩，钟敬文称之为"多民族的一国民俗学"。这也就是所谓的中国民俗的多元化特征。例如在婚姻礼仪民俗中各个民族的表现就迥然不同。汉族婚礼程序一般是定亲、议婚、迎娶、闹洞房，而少数民族的婚礼程序和步骤却别具特色。例如，朝鲜族传统婚礼分为新娘婚礼和新郎婚礼两部分。在新郎婚礼上，"奠雁礼"是比较特别的习俗。新郎到新娘家时要带一只木刻的大雁，大雁是忠贞的象征，奠雁象征着新娘新郎能够像大雁那样相互忠诚，永结同心。瑶族婚俗中有对歌的风俗，瑶族通过唱歌来选择心上人。

此外，蒙古族迎亲途中的"争先"习俗、拉祜族的无婚宴习俗、苗族的对歌和讨歌习俗、摩梭族的"走婚"习俗，以及存在于土家族、藏族、壮族、彝族婚礼中的"哭嫁"习俗也是很典型的少数民族婚俗。这些不同的婚俗传统充分说明了中国民俗的多元化特征。

三、多样性

中国民俗事象包罗万象，涵盖了衣食住用行各个领域的内容。具体而言，有服饰民俗、饮食民俗、居住民俗、交通出行民俗、人生交际礼仪民俗、岁时节日民俗、生产商贸民俗、社会组织民俗、民间信仰民俗、娱乐民俗、语言民俗、姓氏民俗以及民间文艺。中国是泱泱大国，民俗也存在着南北东西的差别。再加上民族的不同，使得中国的民俗文化异彩纷呈。比如吃饭碗筷要放好，不能把筷子插在碗里，渔民吃鱼时忌讳翻鱼。老人去世不能说"死了"要说"走了、去了、老了"。出门也要看日子，大多择黄道吉日，"出门要逢三六九，回家应选二五八"。山东还有谚语"三六九往外走，二五八好回家"。此外还有"上车饺子下车面"的说法。生孩子民间有生女挂红布、生男挂弓箭的习俗。孩子周岁时要"抓周"，成年后还有"成年礼"。又如在饮食民俗中，南北同为一日三餐，南方多以米饭为主食，以茶为饮料。而北方多以面食为主食，有面条、馒头、包子、饺子等，口味上也有"南甜北咸东辣西酸"之说。再如，不能让小孩吃鱼子，说小孩吃了鱼子就会变笨，不会数数。不能在房间里打伞，否则会长不高。举行宴会，最重要的客人要坐在主人的右边。喝酒也有一些习俗，比如敬酒要先敬长辈等等。这些都是涵盖了各个生活细节的风俗习惯。

## 四、地域性

中华文化的共同性决定了中国民俗的全民性，中国的许多民俗都是全国各个地方各个民族共同享有和参与的，但因为中国的地理环境等客观因素的不同，造成了南北地域的差异。比如过年习俗，同为过农历新年，各地过年时所吃的食物却不同。南方一些城市如湖北荆州春节第一顿饭要吃鸡蛋，意为"实实在在、吉祥如意"。而福建闽南地区过年第一餐要吃面条，山东则吃饺子。民俗的地域性也体现在词语的谐音上。比如看望病人，在北方可以买苹果，是吉祥的意思，而在上海却很忌讳看病人带苹果，因为上海话"苹果"的发音和"病故"很相似。生孩子后报喜的民俗各个地方也有所不同。在山东济宁，孩子出生后孩子的父亲需带上用藤条筐装着的红鸡蛋去岳母家报喜，鸡蛋的数目也有讲究，如果生男孩红鸡蛋放双数，如10个或12个，如果生了女孩，那么鸡蛋的数目就是单数，如9个或11个。在河南开封，若是男孩就要在红鸡蛋的一头用墨点表示"大喜"，女孩则不点墨点表示"小喜"。而在福建漳州，孩子出生后，孩子的爷爷要到院子里摘一个石榴切了放在祖宗牌位前，向祖先报告家里添丁的喜讯，同时祈求祖先保佑孩子茁壮成长。此外，还有一些具有地域性的民俗也在逐渐地转变、发展和传播，从南方传到北方，或从北方传到南方。比如在南方过春节时很多广东人会买一些金橘作为装饰，因为"橘"与"吉"谐音，表示吉祥如意，而现在北方也逐渐接受了这一习俗，认为金橘不仅美观而且有美好的寓意，因此春节买金橘已逐渐成为南北方共同的习俗。

## 五、质朴性

中国民俗与中国久远的文化历史紧密相连，历史性伴随着质朴性，一些民俗从中国人的先民时代起就存在，至今仍保留着它原始质朴的样子。比如婚礼习俗中的"闹洞房"习俗就是在人类童稚心理上萌发的原始习俗。从城市到乡村都流行着"闹洞房"的习俗，结婚当天新郎新娘的亲朋好友会大"闹"一番，想方设法捉弄新郎新娘，比如让他们同吃一个吊着的苹果或是让公公和新娘喝交杯酒，让新郎吃辣的饺子，拿粗盐砸打新郎等恶作剧活动。这些质朴的风俗还保留着最初的样子，和古代的抢婚风俗有关，是远古婚俗的遗风。它们反映了文明时代人们心里残留的简单质朴的原始心态。此外，还有折柳枝送别的习俗，折柳送别起源于汉代，古代长安灞桥两岸十里长堤一步一柳，许多人在此依依作别，折柳枝相赠。"柳"谐音"留"，意为挽留，表示对离别之人的依依不舍。折柳枝也表示希望去他乡的人能够像春天的柳枝一样欣欣向荣、生根发芽，在异乡能够更快地融入新的环境，开始美好新生活，表达了对友人的美好祝愿。这些习俗都在用一种简单朴实的行为表达人们的感情，虽看似朴实无华，却楚楚动人。

六、神秘性

中国民俗的历史性、质朴性在一定程度上决定了它的神秘性。许多中国民俗起源于古代的图腾信仰、巫术信仰、图腾崇拜、祖先崇拜等，因此不可避免会蒙上一丝神秘的色彩。中国民俗的神秘性既体现在无形的风俗习惯上，又体现在有形之物上。例如，在东北地区，长白山挖人参有习俗，采参人在进山采参时有严密的组织和神秘的语言系统，采参时必须遵守"山规戒律"，不能随便说话和做事。在发现人参时，要立即大喊"棒槌"，意思是用自己的语言和意念控制住人参，这样人参就会被定住，不会乱跑。而对于天上阴晴圆缺忽明忽暗的星星和月亮，人们也会觉得很神秘，从而产生了星月崇拜，把遥不可及的星星看作某种神灵，寄托人们的心愿。比如祝福老人家健康长寿会说他是"寿星"，掌管升学的有"文曲星"，把聪明的人比作"智多星"，如三国时就把诸葛亮当作"智多星"，如果某人经常惹事人们就会说他是"扫帚星"。中国民俗的神秘奇异在有形之物上体现得更加突出。比如，春节时，民间有"祭灶"的习俗，人们会把"糖瓜"献给灶王爷，希望糖能把他的嘴巴黏住，使他不能向玉帝告状。过年期间，民间还有贴春联、贴年画、挂桃符、放鞭炮等习俗。相传放鞭炮是为了驱赶"年"这种怪兽。人们还会把"神荼""郁垒"这两个抓小鬼的神的名字写在两块桃木上，挂在门上守门。后来桃木演变为门神年画，门神也演变成了唐朝英勇善战的大将秦琼和尉迟恭。桃符后来也被春联所取代，春联现在已成为春节的标志和象征，有辟邪祈福的美好寓意。中秋节起源于人们对月亮的崇拜，也是具有神秘特色的中国传统节日之一，中秋节这一天有祭祀月亮和祈求丰收的习俗。在明代北京，八月十五那天，人们用圆形的水果、饼和西瓜供奉月神，"兔儿爷"也就是在那时候产生的，并且流传至今。"兔儿爷"的泥塑特别可爱，其寓意也是神秘深刻的。由此可以看出，中国民俗的各种仪式和外显事物都蕴含了深刻的内涵，外表看上去却是神秘有趣的。

七、实用性

中国民俗纷繁复杂、形态各异，但大多是出于人们生活和生产的需要而产生的。民俗是人们在日复一日的生产生活中产生、创造、发展的，并为人们服务。因此，实用性是中国民俗的本质特征，人们依赖民俗开展各种生活事象，在使用民俗时追求着自己内心的喜悦和满足，所以几乎所有民俗都以功用性为目的。比如在中国普遍存在的祈福民俗：渔民出海要向妈祖祈求，求妈祖保佑自己鱼虾满仓，出海顺利平安；孩子高考前有的家长要去寺庙烧香求文曲星保佑孩子金榜题名；新婚夫妻想要孩子，会求送子观音；在一些地方，久不生育的女子可以依靠吃一些东西来怀孕，女子出嫁时嫁妆里会有一个涂着朱红漆的子孙桶，在桶里放上五个煮熟的红鸡蛋和染红的喜果，嫁妆送到男方家以后，若男方亲友里有久不生育的女子就可以拿子孙桶里的东西吃，据说吃过后很快就会有身孕。在安徽，中秋节还有妇女"摸秋"的习俗，在月圆之夜，妇女们来到瓜棚豆架下摸索，得瓜宜子、得豆宜女。在贵州，还有偷瓜吃瓜的习俗，新妇从瓜地偷来一个南瓜，给它穿衣打扮好，敲锣打鼓接回家，然后伴它入睡，第二天把南瓜煮熟吃掉，相传不久后就能生下男孩。因为"瓜"与"娃"谐音，人们运用这一语言特点祈子，寄托自身的愿望。中国文化的农业色彩很重，因此各地的龙王庙也很多，这是人们在耕种时为了向龙王求雨而修建的，拜龙王的目的很明确，就是祈求天降甘霖，庄稼苗壮成长。自古以来喝腊八粥的习俗最初也是远古先民为了感谢农神，为了祈求农事顺利而进行的活动。由此可见，中国民俗有重实用和功利的特色。

八、规范性和礼制性

中国的民俗都是由人们约定俗成的，对社会上的所有人都具有普遍的约束力和影响力。比如，过年人们会从四面八方赶回家吃年夜饭、守岁；中秋节都会吃月饼、赏月；端午节都会吃粽子；清明节都会去祭祖。民俗作为一种潜在的社会约定，对每个中国人都有一种隐性的约束力和自然的影响力。许多民俗是社会必须遵守的规则，是种不用说出口的民间契约。虽然文化是种看不见摸不着的抽象概念，但文化有着非凡的影响力和渗透力，民俗作为文化的代表自然也是如此。民俗文化是一种隐性的磁场，吸引着社会上的每一个人。人们在强大的文化气场下是被动的、依存的，谁也无法逃脱和抗拒文化的磁场，因此民俗文化具有普遍而强制的约束作用。俄罗斯有句谚语："在一个人的尿布上就留下了这个民族的痕迹。"意思是在一个人出生的时候，就已经带有社会、民族、文化、风俗对他的影响和感染。一个人的人生观、价值观、世界观、道德观念、行为习惯也都会受到社会风俗的影响和浸染。民俗在一定程度上可以说是"不成文的习惯法""没有典章的制度"。至于礼制性，中国经历了漫长的封建社会，帝王将相的意愿轻易主宰着普通百姓的生活，因此，许多民俗都打上了官方"礼"的烙印。中国的传统民俗可以说是古代礼制的基础和原型。按照内容来看，中国古代的礼分为吉礼、凶礼、军礼、宾礼、嘉礼五大类。这些礼俗多半源于古代的祭祀形态。如吉礼是祭祀天地祖先的，凶礼是丧葬或哀悼仪式，军礼指战争礼制，宾礼是人际交往礼节，嘉礼则包括婚礼、冠礼等内容。这些制度性的民俗是古代人们对于各种民俗事象的精华性总结，对繁杂的民俗进行了理性剔选，最终通过某种制度性的规范加以保存。俗中见礼、礼中见俗，俗与礼相互影响和制约、相辅相成。例如中国古代祭祀天地活动的本源是人们的天地崇拜，这是一种自发性的内心崇拜。但由于统治者确立统治的需要，后来帝王将这种原始朴素的崇拜变成一种仪式。登基后首先要拜谒天地，用这种特殊的仪式来彰显自己的九五之尊，设立这种仪式的目的就是要让民众臣服于他，对其巩固统治起到威慑作用。帝王将本属于民间的祭祀天地活动制定为只有他自己才能举行的专属活动，是由俗走向礼的代表。礼中掺杂了俗的成分，留有俗的影子，而俗的本身也就是一种礼，俗是一种隐性却威力无穷的礼，有时比明文规定的礼制更加有影响力和说服力。

### 九、稳定性和变异性

民俗是一个国家代代相传的一种传统，具有传承和延续的属性，并且在相当长的时期内某一民俗一旦被确定下来、被人们所接受后就具有稳固性，不会轻易更改或消失。但这种稳定又是相对的，比如婚嫁礼仪，古代讲求"六礼"——"纳采、问名、纳吉、纳征、请期、亲迎"。这种制度在周代萌芽，秦汉之后渐成定制。现如今已简化成"议婚、订婚、嫁娶"三大步骤。古代的婚姻讲求父母之命、媒妁之言，而现在人们已打破这一落后的传统，提倡婚姻恋爱自由。虽然从古代的婚俗到现在的婚俗有所简化，但基本过程很相似，重要步骤也都加以保留。现代的婚姻习俗源于古代，在古代婚俗的基础上有所改变和突破。今俗与旧俗有着割不断的深刻联结。中秋赏月也是千百年来未曾改变的习俗，从历代诗文中就可见一斑，如苏轼的"明月几时有，把酒问青天，不知天上宫阙，今夕是何年"、李白的"举杯邀明月，对影成三人"、张九龄的"海上生明月，天涯共此时"，现在人们还是会在中秋佳节引用这些话。

如今的赏月活动也同古代相似，一样在院子中摆上桌椅，准备瓜果茶水或酒饮，亲朋好友在一起遥望夜空欣赏明月，其乐融融地交谈说笑。但有些民俗也在历史的长河中悄然消失，比如裹脚与休妻的习俗，这些不适应社会文明发展的落后民俗会在时间中被淘汰。中国民俗众多，除了自身的生发创造和演变之外，还会借鉴一些其他国家、民族的风俗习惯来不断丰富和完善自身民俗体系。如古代的情人节是农历的"七夕"，有牛郎会织女的美丽传说，古代的情人们会在这一天相会，互诉衷肠。而今，年轻人眼中的情人节除了传统的"七夕"外，更热闹的可能是2月14日的西方情人节，也称"圣瓦伦丁节"。中国现在从西方引进了不少风俗习惯，比如现在每年都很火热的圣诞节。这些吸收与借鉴体现了中华文化的开放姿态，也说明了中国民俗随着时间推移与世界发展的变异性与包容性。民俗随时间产生、发展、消亡，这是一个事物从无到有发展的自然规律。任何事物都是发展变化的，因此中国民俗也是一个稳定性与变异性的有机统一体。

# 第九章　民俗文化对对外汉语教学的意义

## 第一节　民俗文化与对外汉语教学的关系

改革开放以来，中国综合国力和经济地位日益提高，在国际舞台上扮演着举足轻重的角色。中外交流也日趋频繁，尤其是文化方面交往更是时时碰撞着灿烂的火花。中国加入WTO（世界贸易组织），成功举办2008年的奥运会，和越来越多的国家建立了联系，世界也把眼光更多地聚焦在这个焕发生机的古老的东方大国身上。越来越多的外国人开始对中国感兴趣，世界上已悄然刮起"汉语热"风潮。据2012年2月教育部公布的统计数字显示，2011年，全年在华学习的外国留学人员总数首次突破29万人，共有来自194个国家和地区的292611名各类来华留学人员，分布在全国31个省、自治区、直辖市（不含港澳台）的660所高等院校、科研院所和其他教学机构中。与2010年相比，2011年来华留学生总人数增长27521名，同比增长10.38%。截至2011年年底，国家汉办已在105个国家建立了358所孔子学院和500个中小学孔子课堂，注册学员达到50万人。海外和国内的汉语教学事业都在蒸蒸日上、如火如荼地开展着。著名的美国《时代》周刊曾用一句话来形容目前的全球"汉语热"："如果你想领先别人，就学汉语吧。"现代文化人类学认为人不仅是"社会人"，而且是"文化人"，将人的根本特征归结于能自觉地创造一个文化符号构成的新世界——社会文化系统，以丰富自己生存的天地。德国人类学家、哲学家恩斯特·卡西尔在《人论》中指出，这种符号化的思维和符号化的行为标志了人类世界与自然界的"天然分界线"，正是人的劳作这种人类活动的体系"规定和划定了人性的圆周。语言、神话、宗教、艺术、科学、历史，都是这个圆的组成部分和各个扇面"。

据中国外文局对外传播研究中心、察哈尔学会和华通明略发布的《中国国家形象调查报告2013》显示，"神秘"一词已成为世界描述中国时使用频率最高的词汇。该报告同时显示，有1/3的海外民众渴望有机会学习汉语。这一背景，无疑为中国民俗文化的国际化传播提供了有利的契机，即可在对外汉语教学中，以汉语教学为载体，融民俗文化于其中，以更好地传播中国民俗文化。

钟敬文先生将民俗界定为："一个国家或民族中广大民众所创造、享用和传承的生活文化。"因为民俗主体的民众性，民俗往往被人们视为俗文化，而与精英文化相对。但需要指出的是，民俗之俗并不同于通俗之俗，它是经由历史层积而来的民族文化精华，是民间智慧的象征。民俗文化虽融于日常生活之中，但其作为有别于日常生活的特殊节点，往往又呈现出鲜明的非日常性，故而其得以成为一个民族的身份标识。由是而言，民俗文化必然是一种由民众创造出来的精英文化，是"非日常的生活传统，是提升日常生活境界的一种文化精华形态"。田兆元教授立足于民俗的文化精华性，将民俗的基本特性概括为"华彩的，凸显的，非日常的，经典的，精英的，雅致的，甚至专业的形态"，并在此基础上强调指出，民俗学学科与民俗研究者有责任倡导并传播民俗精华。

其实，将民俗文化视为文化精华，是中国固有的一种传统观念。班固在《汉书·地理志》中，曾对风俗做过如下定义："凡民函无常之性，而其刚柔缓急，音声不同，系水土之风气，故谓之风；好恶取舍，动静亡常，随君上之情欲，故谓之俗。"班固从地理环境和人文差异角度出发，将风俗界定为"水土之风气"与"君上之情欲"，这便传达出一个重要的信息：风俗不仅仅从属于民间文化，还与精英文化密切相关，普通民众与文化精英是传承民俗文化的两大主体。班固对风俗的这一界定，在应劭这里得到了继承。应劭在《风俗通义》中，既指出了圣人对风俗的影响，同样也强调了民众与精英对民俗形成所具有的重要意义。时至今日，全球非物质文化遗产保护浪潮的兴起，再次将民俗文化提升到了文化精华的高度。非物质文化遗产代表着一个民族、国家的传统积淀，是民众创造出来的文化精华，而"非遗"传承人，则是传承民俗文化的民众代表，是民众中的文化精英。由此而言，民俗承载了民众生活的丰富文化内涵，民俗文化必然是一个国家和民族的身份标识，是民族独特性与文化多样性的注解，是国家文化软实力的象征。

中共中央十七届六中全会通过的《中共中央关于深化文化体制改革推动社会主义文化大发展大繁荣若干重大问题的决定》强调指出，要增强国家文化软实力和中华文化的国际影响力。十八大更明确将增强国家文化软实力视为国家战略之一。从这一意义而言，由于民俗文化的对外传播，有助于提升世界对中国文化的认同度，并能有效提升国家文化形象，因此，民俗文化是我国文化软实力建设中十分重要的内容之一。

《礼记·曲礼》云："入境而问禁，入国而问俗，入门而问讳。"民俗之差异，是影响跨文化交际的重要因素之一。对外汉语教学既是语言教学，更是文化教学，是教学双方展开的一场有关民俗文化的交流。因此，对外汉语教学既是一种汉语教学活动，也是以语言为媒介的民俗文化国际传播活动。很多学者早就意识到这一点。早在20世纪七八十年代，就有学者从文化角度切入对外汉语教学研究。著名语言学家吕必松就曾热切关注风俗习惯、文化传统以及观念等对语言和语言教学的重要影响。在他看来，风俗习惯、文化传统以及观念等一系列文化因素体现于语言系统之中，制约着语言的交际，使得语言教学与一个民族的传统民俗文化彼此依存。赵贤洲则提出了对外汉语教学中的文化导入说理论，认为"第二语言教学必须考虑同步进行第二文化导入"，将文化导入视为语言教学的重要手段之一。20世纪90年代初的《对外汉语教师资格审定办法》则进一步明确提出，从事对外汉语教学的教师必须"熟悉中国的历史和地理，了解主要的名胜古迹，有一定的社会、民俗知识"。2002年，陈勤建教授在"对外汉语教学跨文化视角"汉语教学国际研讨会上，做了题为"对外汉语教学中的民俗视角"的发言，引起了国内外与会学者的高度重视。2012年12月，国家汉办最新公布的《国际汉语教师标准》，再次突出强调了国际汉语教师必须具备的三项基本技能：汉语教学、中华文化传播和跨文化交际。这就意味着，教师唯有在充分了解中国民俗文化的前提下，才有可能在对外汉语教学过程中，更好地对外传播中华传统文化。简而言之，民俗文化对语言教学的重要性，使得第二语言习得无法脱离民俗文化；与此同时，二者之间的依托关系，又为中国民俗文化的对外传播提供了一条有效的路径，即以对外汉语教学为媒介，传播中国民俗文化。在我国高度重视国家文化软实力的建设与提升，视民俗文化的国际传播为提升中华文化影响力与国家软实力的重要内容与形式的背景下，相比其他文化传播媒介，如影视、翻译、民俗旅游、餐饮文化等，语言习得过程中的文化传播，更有助于加深世界对中国传统文化的认知，并真正实现跨文化国际交流。这正是当下对外汉语教学的独特价值及意义之所在。

随着民俗文化在对外汉语教学中的重要性得到人们越来越多的认可，专为对外汉语教学编写的中国民俗教材相继问世，部分高校也开设了专门的"中国民俗"课程。这在一定程度上，为中国民俗文化借助对外汉语教学对外传播，奠定了良好的基础。但需要指出的是，对外汉语教学中的民俗文化传播，不仅体现于民俗课程的教学之中，亦贯穿于其他课程，如综合课、专项技能课、专项目标课、语言知识课以及翻译课等课程的教学之中。在对外汉语教学课程设置中，与民俗课程相较，其他课程占据了更大的比例。这就意味着，在对外汉语教学中，其他课程将是传播中国民俗文化的重要载体。令人欣慰的是，时至今日，这已成为对外汉语教学相关教材编写者的共识。这点，从目前通用的对外汉语综合课教材《新实用汉语课本》中，便可明确地看出。该教材编写者在安排字词与语法相关知识点时，便常常以中国传统民俗文化知识为切入点，

"第一、二册结合校园及日常生活，介绍与汉语表达和理解有关的习俗文化；第三、四册围绕青年学生感兴趣的话题进行中西文化对比；第五、六册着重介绍中国社会的方方面面，体现中国传统文化和当代文化"。该教材第三册在学生已学习汉语基本语音、字词、语法的基础上，加入了大量的民俗文化知识，充分利用民俗文化的趣味性、生活性，调动学生的学习兴趣，是对外汉语教学与民俗文化融合的典范。其具体内容安排见表8-1。

表8-1　《新实用汉语课本》第三册课文内容安排一览表

| 序号 | 课文标题 | 课文主要内容 | 所涉民俗文 |
|---|---|---|---|
| 1 | 入乡随俗 | 中国的茶馆 | 茶文化（餐饮） |
| 2 | 礼轻情义重 | 中秋节以及送礼 | 节日文化 |
| 3 | 请多提意见 | 中国人的书房及书法 | 汉字及书法文化 |
| 4 | 他们是练太极剑的 | 广场舞、扭秧歌、太极剑 | 民族舞蹈与中国武术 |
| 5 | 中国人叫她"母亲河" | 黄河、黄山 | 中国名胜古迹 |
| 6 | 这样的问题现在也不能问了 | 关于隐私的话题 | 聊天习俗 |
| 7 | 保护环境就是保护我们自己 | 环境保护 | 环保知识及观念 |
| 8 | 神女峰的传说 | 神女峰的传说 | 风物传说 |
| 9 | 汽车我先开着 | 贷款买车 | 现代按揭观念 |
| 10 | 北京热起来了 | 北京的气候 | 地域文化 |
| 11 | 谁来埋单 | 聚餐时的埋单 | 餐饮文化 |
| 12 | 你听，他叫我太太 | 中外家庭称谓 | 婚姻文化 |

如表8-1所示，《新实用汉语课本》第三册共12课，其中有10课以直接介绍中国民俗文化为主。这充分体现了编者以民俗文化为语境安排相关教学内容的编写理念。这样的课程安排，必然要求教师在课文内容讲解以及字词解释中，大量介绍相关民俗知识。如此，也就自然地达成了借对外汉语教学以传播民俗文化的目的：在中西文化对比中，让学生明了中国民俗文化对中国人日常生活习俗与观念的重要影响。

不可否认，在对外汉语教学中，以传授知识为主的课堂教学，对传播民俗文化发挥了积极的作用，但语言教学离不开相关文化语境与生活实践。因此，欲借对外汉语教学达至传播民俗文化的目的，相关教学活动中的民俗文化体验就显得至关重要。近年来，随着非物质文化遗产保护热潮的兴起，各地围绕"非遗"项目而开展的民俗展示、体验与传承活动愈加丰富。这为对外汉语教学课外民俗体验提供了有利的实践基地。而在所有实践基地中，高校则是传播传承民俗文化的重要载体。高校不仅是面向中国青年学子的特有文化传承空间，也是以留学生为主要传播对象、向外传播中国民俗文化的窗口。美国国际教育学会发布的2012年国际学生流动性研究报告显示，中国大陆已成为继美国和英国之后，全球第三大留学目的地国。另据中国教育部发布的相关统计数据：2013年，共有356499名外国留学生，在全国746所高等学校、科研院所和其他教育教学机构学习；2014年，来华留学生人数接近38万人。在此背景下，为更好地发挥对外传播民俗文化的主阵地作用，各地高校应充分利用本地域的民俗传统与"非遗"项目，将对外汉语教学课堂延伸到课外，使学生在有着浓郁的民俗文化与地域文化氛围的现实语境中，更好地学习语言，感受传统。而要想很好地达成这一教学目的，高校就必须强化对外汉语教学教师的民俗知识结构与教学实践能力，以使其在相关教学活动中，能更好地将语言教学与民俗文化传播有效地结合起来。

总之，语言教学与文化传播是对外汉语教学的两大属性与重要使命，而民俗与语言则是国家重要的文化软实力。因此，对外汉语教学教师必须自觉地、有计划地在相关教学活动中传播民俗文化，以使世界更好地借此了解中国。

## 第二节　民俗文化在对外汉语教学中的重要性

文化对于人的重要性是不言而喻的，人的存在是以文化活动为依据的，把文化提升到人性的高度，各种文化组成了丰富的人性。语言、神话、宗教、艺术、科学、历史都是人性的有机组成部分，它虽然没有指出语言是其中最重要的方面，但是把语言放在首位，可见语言对于人类存在的根本性和重要性。人类文化又是以民俗文化为基础核心的，人类最早创造的就是民俗文化，原始人就处在以神话、习俗为标记的综合性原生态的民俗意识团中，其中包括崇拜、巫术、图腾、禁忌等。人类的一切行为和活动都受到各个方面民俗文化的制约，人类的文化创造力也是由民俗文化引导和规定的。五彩缤纷、气象万千的民俗文化造就了一个民族的生活方式、行为习惯和精神气质，构成了一个民族的精神内核，也使各个民族别具风情、各领风骚。

语言本身是一种文化，也是文化的载体，语言中沉淀着大量的文化信息，文化蕴含在语言当中。只有理解语言所负载的深层次文化信息才可以说是真正掌握了一门语言。民俗文化是人类文化的基础和核心，因此语言和民俗文化的关系甚为密切。两者可以说都是人类社会的原生文化形态，二者相互渗透和影响。有些民俗事象本身就是语言形态，中国民俗中也有中国语言民俗这一独具特色的部分，包括谚语、俗语、谜语、歇后语、吉祥语和禁忌语等民俗语汇。一个国家或民族的文化由表层文化和本质文化两个层次组成，前者多存于文献记载里，流传于民众的生活中。而民俗文化是民众生活中的本质文化，是一国文化的根基，也是文化中最生动最富色彩和情趣的部分。人类语言学的奠基者之一、美国人类学家爱德华·萨丕尔在探讨"语言、种族和文化"时认为，语言也不脱离文化而存在，就是说，不脱离社会流传下来的、决定我们生活面貌的风俗和信仰的总和。

萨丕尔也指出语言和民俗不可分离的特点，要真正了解和掌握一个民族的语言，是不能脱离其民俗文化背景的。语言与文化密不可分、形影不离。邢福义在谈到语言与文化的关系时说："语言与文化的关系之密切，也许可以用'水乳交融'来形容。"学习一门语言，不能仅仅学习语音、单词、语法、句型，除了语音、词汇、语法之外，文化教学也是对外汉语教学中不可缺少的一个环节，也是十分重要的一个组成部分。语言的学习离不开文化的学习，文化的学习能够促进语言的学习。

要想学好一门语言就应该大量地去接触该国文化，而且注重培养"文化习得意识"（consciousness of culture acquisition），在掌握语言能力（linguistic competence）的同时，也应掌握文化能力（cultural competence）。而学习语言也离不开学习民俗文化。如果单纯学习一门语言而不了解这个国家的民俗，那么这种语言的学习也只停留在一个浅表的层次，以民俗文化为根基的一国文化是一门语言的源泉与支撑，因此学语言离不开对于该国民俗文化的了解。如果不了解民俗文化，可能在语言运用中就会产生误会，闹出笑话。例如，中国人见面打招呼时喜欢问："你吃饭了没有？""干什么去？""最近在哪发财？"而西方的打招呼方式"早上好""晚上好"在中国的日常生活中反而用得不普遍，如果一个外国人不了解中国的这种问候的风俗习惯就会以西方的思维和习惯去衡量这件事，从而认为中国人不尊重他人隐私，喜欢窥探别人的私人生活。还有的留学生对于收礼物时中国人的表现不太理解，中国人收到礼物一般不会当面打开，除非是字画、墨宝等。收礼物时中国人往往要推辞一番，表示不敢接受。外国留学生会认为中国朋友是不是不喜欢他送的礼物，如果过分推辞又让外国人觉得很虚伪。其实这只是中国人的一种礼节。在中国人看来，如果别人送礼物，你马上收下或当面打开就有贪图礼物的意思。而且在中国，如果是去别人家做客，带的礼物主人不能当着客人的面打开，更不能让客人吃他送给主人的食物，"来人吃来物"在中国人看来是很不礼貌的，但是外国没有这些禁忌和说法，相反，他们会喜欢和别人分享。比如在格鲁吉亚，中国朋友过生日，格鲁吉亚的朋友带了一瓶葡萄酒，中国人会不打开他送的那瓶酒而是喝自己买的酒，但是格鲁吉亚人就会疑惑是不是他不喜欢我送的酒啊，他就会要求中国朋友马上打开品尝他带来的酒。这些习俗都是与中国截然不同的，因此，如果不了解中国人的风俗习惯，在中国生活工作、和中国人交往时会遇到很多麻烦。所以说"入境问禁、入门问讳"是十分必要的。此外，中外风俗习惯的差异也是影响跨文化交际的重要因素。"外国学生忽视中国日常风俗、一般的寒暄语、中国人对人与人关系的看法以及基本的文化背景知识"在交际中会产生"严重的文化上的不妥行为"。在跨文化交际中，一国的风俗习惯也是最重要的内容之一，跨文化交往需要解决的就是不同文化和习俗差异下如何更好地求同存异，进行有效而良好的沟通。对外汉语教学本身就涉及许多跨文化交际方面的问题，因此给外国学生尤其是在中国留学的留学生讲解中国的民风民俗是具有重要意义的。在华留学生如果能够系统地学习和了解中国民俗，有利于他们更快地融入中国，更加如鱼得水地在中国学习、工作和生活。民俗的学习不仅有利于跨文化交际，更有利于语言学习本身。中国民俗异彩纷呈，富有趣味，民俗的内容也十分广泛，学习民俗可以培养和促进外国人汉语学习的兴趣和热情，也能够使学生更好地巩固语言学习的成果。因此，在对外汉语教学中开展有关中国民俗文化的教学是十分必要的。

# 第十章 对外汉语教学中有关民俗教材的研究

## 第一节 民俗教材的研究价值和基本概况

索绪尔指出："一个民族的风俗习惯常常会在它的语言中有所反映。"

对外汉语是一种跨文化交际的过程，在这个过程中民俗文化占有很大的比重，对跨文化交际也有着深远的影响。因此，在对外汉语教学中应当重视对民俗方面的教学。要开展科学合理的民俗教学活动，就不能没有一本科学合理、内容完整的民俗教材，因为民俗教材为对外汉语民俗教学提供着基本的参考和依据。目前，我国的各类对外汉语教材已有上百种之多，数量更是在突飞猛进地增长。这些教材大多数都突出了语言学习的重要性，这是必要的，但语言是文化的一部分，要想学好语言，应该在一定文化背景下进行系统的学习，使得语言与文化的学习互相渗透和融合。目前关于中国民俗的教材屈指可数。现存的中国民俗教材主要有杨存田编著的《中国风俗概观》，这是国内第一本专门为外国留学生编写的中国民俗教材，由北京大学出版社于1994年出版，此书为中国民俗专门教材的开山之作，填补了中国民俗教材的空白。全书共分13章，对中国民俗的方方面面进行详细的介绍和陈述，在内容上通过与其他国家、民族风俗的对比，突出了中国民俗的特点。除此之外，还有舒燕编著的《中国民俗》，由北京语言大学出版社于2002年出版，该书明确定位为以中国人生活习俗为基本内容、以外国留学生为主要对象的中国文化教材。全书分11章，按照从总述到专题的形式对中国民俗的各个方面进行了全面、连贯、逻辑、系统的阐述。此书被认为是关于中国民俗的经典之作。2003年由祝健等人编著、由陕西师范大学出版的《中国的节日与民俗》也丰富了中国民俗教材。此后，王衍军于2008年6月出版《中国民俗文化》一书，作为选修课教材供汉语水平达到中、高级程度的外国留学生学习中国民俗文化，并在2011年7月对此书进行了第二版的修订。2011年8月由北京大学出版，柯玲编著的《中国民俗文化》进一步丰富了对外汉语民俗教材。但是目前专门针对留学生的中国民俗教材依然存在很大的缺失和空白。开设专门的民俗课程的各个高校在上课时也没有一本权威的民俗教材作为讲课的依据和参照。

对外汉语教学中的中国民俗教学研究教材依然是对外汉语教材建设中的薄弱一环。因此，有关中国民俗教材的研究和教材建设就显得意义非凡，中国民俗教材建设的好坏直接决定和影响着能否在对外汉语教学中全面、系统地开展中国民俗文化的教学，以及中国民俗文化的推广能否顺利有效地进行。

## 第二节　民俗教材的编写原则

教材编写是一项十分科学和系统的工程，教材编写不能随心所欲地进行，而是要遵循一些基本的准则和要求。吕必松在1993年指出教材编写应遵循实用性、交际性、知识性、趣味性、科学性、针对性的原则。而刘询在《对外汉语教育学引论》中也谈到教材编写和选用的原则有五点，分别是针对性、实用性、科学性、趣味性、系统性。其相同点是都认为教材编写应注重针对性、实用性、趣味性、科学性。民俗教材作为对外汉语教材的一个种类，也有其要遵循的普遍原则和特殊原则。

一、定向原则

所谓定向，就是要明确所编教材的基本走向，包括确定所编教材的性质——定性、找准所编教材的位置——定位、规定所编教材的容量——定量。对于民俗文化的教材来说首先应该明确这本教材的范围是中国的民俗，且内容不能超出民俗的范围，切忌泛泛而谈中国文化。

二、目标原则

目标原则，即根据教学对象的需求分析，如学习者的文化背景、学习目的、学习时间、现有目的语基础、将来运用的方式和范围、将要达到的水平等。民俗教材主要是给中高级阶段的汉语学习者使用的，供他们了解中国民俗的方方面面，以便更好地理解汉语语用方面的知识，在一定情境下更好地进行交际。

三、特色原则

教材设计和编写从理论到实践、从体例编写到各环节的组织安排，都要考虑所编教材与以往同类教材的不同之处，并且这些不同之处应该是一种符合第二语言教学规律和学习规律的创新之处。

四、系统性原则

所谓系统性原则是指按照学科的逻辑顺序，系统连贯、循序渐进地对中国民俗有一个比较全面、系统的介绍和说明，内容覆盖中国民俗的各个主要方面，并且有舍有留，详略得当。舒燕编著的《中国民俗》是一本以外国留学生为主要对象、以中国人的生活习俗为基本内容的中国民俗文化教材。在内容编排上遵循由总述到专题的结构形式，分为11个章节，注重逻辑性和连贯性。

五、针对性原则

针对性原则是指在教材编写时要根据教材的使用对象来安排内容，只有针对使用对象来编写才能真正符合学习者的要求，做到有的放矢。中国民俗教材不同于普通的民俗文化书，应该注意其使用对象是学汉语的外国人，特别是外国留学生。因此民俗教材的编写应该站在他们的角度来筛选繁复的中国民俗内容，此外还应该明确使用对象的汉语学习水平、文化特点、学习时限等要求。在这一点上，"杨本"突出了针对性强的特点，注重中外风俗习惯的对比，教材中对留学生熟知的民俗文化和广泛的中国民俗进行对比，把中国的风俗和外国的风俗也进行了对比，满足了学生的好奇心和求知欲。在中外对比中拉近与留学生的心理距离，让他们能够更好地理解中国民俗的特色。

### 六、时代性原则

普遍意义上的教材编写的时代性要求教材在设计和编写的过程中，所依据的教学理论和所采取的教学方法、所拟定的编排体例以及教学目标的设定、课文的编写和知识的解说、现代化手段的利用等都应体现学科研究和教材编写研究的新成果，体现时代发展的水平和需要。而对于对外汉语民俗教材来说，时代性不仅要求民俗教材体现最新研究成果以及内容与形式的推陈出新，其更多的是指民俗教材的内容要紧跟中国社会和时代发展的步伐，应当删除古代存在而今已销声匿迹的旧民俗，要讲新时代新中国的新民俗，建构具有传承性的日新月异的不断完善的现代民俗体系。

### 七、趣味性原则

对外汉语教材不能是枯燥乏味的，而是活泼幽默、生动有趣的，教材内容必须是学生感兴趣的、学生想要去学习和了解的内容，而且教材内容应该与培养学生的实际交际能力紧密联系在一起。对外汉语民俗教材的内容本身就是丰富多彩的，这些风俗习惯本身就可以引起留学生的兴趣。因此，在民俗教材中应该充分发挥这一优势，最大限度地激发外国人学习中国民俗的积极性和兴趣。在编写民俗教材时可以增加和引用大量图片、民间传说、历史典故、文学故事等，进一步增加民俗文化的趣味性。比如"杨本"在讲解婚姻习俗中的"近亲婚"时就引用了《红楼梦》这一经典文学作品，通过对"贾、史、王、薛"四大家族关系的描述使学生更容易理解他们之间的姻亲关系。再如，王衍军编著的《中国民俗文化》（第二版）一书中对民间信仰"蛇崇拜"进行介绍时也引用了民间传说《白蛇传》的故事，让学生通过这一故事理解中国人对于蛇的崇敬心理。使用这些趣味性的编写手段可以增加民俗教材的可读性，从感性的角度让中国民俗更加深入外国学生的内心。此外，在运用民俗教材进行教学时还可以适当辅以图片、声音、对外汉语教学中的中国民俗教学研究动画等多媒体手段来增加教材的趣味性。

## 八、实用性原则

实用性原则要求教材的目标是提供实用性的知识，学生在学完教材后可以应用到日常生活中，而不是脱离了实际的生活。在民俗教材的实用性方面，"王本"编排得最好，该教材在介绍民俗时，会列出一些常用的民俗语言，如在第二章"中国民间交际礼仪习俗"部分讲到"迎送"习俗时，就列出了许多中国人日常生活中的话语。教材里对迎来送往所使用的话语有清晰的呈现和描述，主人迎接客人时一般会有一番客套话，例如："一路辛苦啦!""对不起（或很抱歉），有失远迎!""请进!"（客人突然来访，请客人进屋时应说）"您来了，请坐，今天冷不冷（或热不热）？""走累了吧？"（客人应邀前来时应说）"您坐着（或你们谈吧），我还有点事，失陪了。"（有事无法陪客人时应说）等交际话语。关于送别话语有："再坐会吧!时间还早呢!"（主人挽留客人）"请慢走。""请走好。""不远送啦，慢走。""以后有时间来玩。"（主人送客）。客人："请留步。""不要送了。""快请回吧。"这些话语都是日常生活中使用频率较高的必备交际用语，能够在民俗教材中对其进行系统而全面的介绍，对于外国学生在中国的学习和生活会有很大的帮助。

# 第三节　民俗教材的对比

## 一、以类统摄，分专题编排

民俗教材一般都对中国民俗的定义、范围、基本特征和分类进行了总体性的概述，让外国学生首先从整体上对中国民俗有一个大致的认识和了解，对民俗的概念和各种各样的民俗事象做到心中有数。这样的总体介绍弥补了以前"杨本"（杨存田的《中国民俗概观》）的不足，"杨本"并没有对民俗这一概念做任何的总体性介绍就直接进入了各个专题的讲解中，并且"杨本"对民俗的分类不清晰，内容上也出现了前后重叠的现象。如"人生篇"中的"婚嫁礼"和"婚嫁篇"在内容上交叉重复。相比之下，"柯本"和"王本"都有效地避免了这一问题，这两本书都单独拿出了一章来讲解民俗概况，"柯本"将民俗分为九大类：日常生活民俗、人生交际民俗、岁时节日民俗、生产商贸民俗、社会组织民俗、民间信仰民俗、娱乐民俗、语言民俗和民间文艺。"王本"则将其分成民间风俗习惯、宗教信仰和民间艺术三大类，在这几大类里又分出几小类。从风俗习惯分出中国民间人生礼仪习俗、中国民间交际礼仪习俗、中国岁时节日习俗、中国服饰民俗、中国饮食民俗等内容，宗教信仰包括民间信仰、禁忌习俗等，民间艺术的形态包含了各种艺术门类，如民间音乐、民间舞蹈、民间美术、民间说唱、民间戏曲、民间杂技、民间手艺等。

二、范围明确，逻辑清晰，内容丰富，汉族与少数民族并存

这两本教材都正确地阐释了中国民俗所代表的范围，在每个章节具体的知识讲解之前都会先在一章的开篇对某一类民俗进行系统的概述、概念的讲解和简单的举例。并且在每个民俗领域的编写中都兼顾了汉族和少数民族的风俗习惯。对个别独具特色的少数民族还会进行浓墨重彩的描述，范围涵盖了中国的几大少数民族，如藏族、维吾尔族、蒙古族、回族、壮族、满族、朝鲜族等。"柯本"跟"王本"都是在"杨本"的基础上进行改良，避免了"杨本"只讲汉族民俗的这一弊端。相较之下，"柯本"和"王本"对于民俗的阐释更加全面、具体、客观。

三、难度适中，针对性强，重难点进行注释

"柯本"的内容通俗浅显，注重体现中国人的生活方式、文化模式和行为规范。"柯本"的定位是供中等以上文化程度的读者使用，特别是供大学生及高中生阅读。另外，此书也指出在编写过程中充分考虑外国留学生的学习特点，可供具有中等以上汉语水平的外国留学生作为课堂教材使用，或作为其他

外国人了解中国文化的一般读物。"王本"则明确指出了"该书是一本面向汉语水平达到中、高级程度的外国留学生学习中国民俗文化的教材"。尽管略有不同，但两本书都考虑到了阅读对象为外国留学生，因此在民俗内容的选取上也注重选取中国人日常生活中最具代表性的民俗事象。其次，两本教材都难度适中，力求用简洁清晰的语言介绍某一民俗事象，语言通俗易懂，没有艰涩难懂的话语和内容。以留学生作为使用对象来考虑，说明这两本书在一开始就十分有针对性地选取和编排内容，这与教材的针对性原则相吻合。虽然内容力求浅显、通俗、易懂，但因为其涉及的民俗又多又杂，包括了许多少数民族的民俗，借鉴和引用了许多历史典故、神话传说等，书中难免会有一些我们不常用到的字词。在处理和解决这一问题时两本教材都采取了对难字生词进行注音和解释的方法。"柯本"和"王本"都是在难点生词的后面加括号直接注音，由此可见，这两本教材都注意照顾留学生的汉语字词掌握情况，对外国学生不熟悉的生词和多音字都进行了清晰准确的标注。除了对生僻汉字注音外，这两本教材还对一些词语进行了解释，"柯本"采取的方法是用上标，先在字词的右上角标注出来，再在页面的下方进行集中解释。如"柯本"第94页讲到中国居住民俗中的碉楼式民居时，在书的正文描述："楼内还有水井、米碓（què）①、谷砻（lóng）②浴室，楼外设有厕所等生活必需设施，有的方围楼还建有戏台、祠堂③、私塾（shú）④、等建筑。"在书的页面下方对此段正文中出现的词语进行了简要解释："①米碓：舂米的农具。②谷砻：农具。稻谷经过谷砻扬去糠皮，才成为米。③祠堂：同族的人共同祭祀祖先的房屋。④私塾：旧时家庭、宗族或教师自己设立的教学处所，一般只有一个教师，采用个别教学法，没有一定的教材和学习年限。"而"王本"是在正文中一些需要解释的字词后面直接用小括号"（ ）"标注，在括号里解释某个字词的含义。如"王本"第76页讲到中国民间人生礼仪习俗中的嫁娶习俗，"有些地方要给待嫁的女子加'笄（jī）礼'，俗谓之'上头'。古代女子十五岁许嫁时要举行加笄仪式，即改变幼年的发式，把头发绾（Wǎn）成一个髻（即把头发盘绕在脑后打成圆结），用黑布包住。然后用笄（即簪子）插定发髻（jì），以此表示女子已是成人"。在这一段正文中出现的"髻"这个词也许留学生不知道是什么意思，因此书中正文在这个词后面直接打括号进行了解释。由此看来，尽管"柯本"和"王本"对词语的解释方式不同，但这两本教材都对生僻字词和超纲词语进行了简要解释，以便于外国学生更好地通读《中国民俗文化》这本书。

四、注重效果，及时反馈，设置练习与思考

"柯本"与"王本"这两本民俗文化教材都是以外国留学生为主要读者群体而编写的，因此，在每一章节的讲解之后都对学生学习和掌握民俗内容的效果进行考查和反馈。这两本教材在每一章节的最后都设置了练习题与思考题，例如在 "中国民俗概述"部分两本书就开始进行了思考题的设置。"柯本"的"思考题"如下：

（1）民俗文化的特征有哪些？

（2）民俗文化的本质是什么？

（3）中国民俗文化有哪些特点？

（4）介绍一种最有特色的民俗活动，并说说它的文化含义。

（5）选择某一类你有所了解的中国民俗文化，谈谈你的看法。

而"王本"的"思考与练习"如下：

（1）什么是民俗？举例阐释民俗的主要内容。

（2）中国民俗文化的主要特征有哪些？请举例加以阐述。

（3）请举例论述一下你们国家民俗文化的主要特征。

从这一章的情况来看，两本教材的思考练习都涵盖了这一章的主要和重点内容，便于学生抓住重点，理解核心内容，检验自身的理解和掌握情况。第一章都就民俗的定义、特征、特点、内容进行了设问和考查。与"柯本"不同，除了对中国民俗本身的理解和掌握之外，"王本"还提出了让学生思考他们本国的民俗文化特征。在这种中外文化对比中，更能凸显中国民俗的特色，也能够让外国学生对中国民俗有更加立体和深刻的理解。

两本教材都是由对外汉语民俗教学领域的专家编写的，柯玲和王衍军分别来自东华大学和暨南大学。柯玲是东华大学副教授、博士，研究方向为文艺民俗学、对外汉语教学与中国民俗。王衍军为暨南大学华文学院汉语系副教授，研究领域为近代汉语词汇语法、汉语方言学、中国民俗文化、对外汉语教学。两者都在对外汉语教学和中国民俗领域有所建树。柯玲的《中国民俗文化》是北京大学中国文化通识书系之一，"柯本"民俗教材不仅仅是面对外国学生编著的中国民俗教材，同样也是写给高中生和大学生以及中等以上文化程度者看的民俗读本，它可以作为外国留学生的课堂教材使用，也可以作为其他外国人了解中国文化的一般读物。相比之下，王衍军的《中国民俗文化》的编写目的和定位更加具体明确，更加针对对外汉语教学领域和留学生。此书在前言部分明确了其定位："本书是一部适合于汉语水平达到中、高级程度的外国留学生学习中国民俗文化的选修课教材。"有了这一清晰明确的定位，王衍军的这本民俗教材更加有针对性，因此，在内容选取和安排、设置方面更加注重留学生这一对象群体。此书特色鲜明，生动活泼，成为对外汉语教学界、中国民俗文化教学领域屈指可数、不可多得的佳作。

王衍军编著的《中国民俗文化》，2008年6月出版的为第一版，作为本书研究对象的则为其第二版。"柯本"和"王本（第二版）"的出版日期都是2011年，这两本书是目前对外汉语教学中民俗文化教学领域最新出版的教材。从章节上来看，两者都涵盖了中国民俗吃、穿、住、用、行各个领域的民俗事象，涉及的领域基本相同，页数上"王本"比"柯本"虽只多了 68页，字数上"王本"却比"柯本"要多出142000字。可见"王本"的内容更丰富、资料更翔实。

宏观上来看，从这两本教材的目录可以看出两者都全面覆盖了中国民俗文化的方方面面，两本书都主要包含了以下内容：中国民俗概述、中国人生礼仪、中国交际礼仪、中国服饰民俗、中国饮食民俗、中国居住民俗、中国交通行运民俗、中国生产商贸民俗、中国民间信仰民俗、中国岁时节日民俗、中国民间艺术。除去民俗概述外，这十大类民俗是这两本书所共有的内容，只是章节组合、编排次序有所不同。

除了这些共同的民俗类别外，两本书也是各有其特别之处。"柯本"把中国社会组织民俗作为第十章来单独介绍，分为血缘组织民俗、地缘组织民俗、业缘组织民俗、社会组织民俗要素四节。"王本"则把中国民间姓氏民俗作为单独的第十一章进行介绍，分为姓氏的形成、部分少数民族的姓氏习俗、汉族民间取名的习俗、反映姓氏习俗的词语这四节。此外，两者还存在对待同一类民俗的分类有别、轻重有别、篇幅有别的现象。如"柯本"把中国娱乐民俗作为单独的第十二章进行讲解，分为中国娱乐民俗的特征、民间游戏、民间竞技、民间杂艺四节。而"王本"只是把关于民间娱乐的民俗作为民间艺术的一部分放在第十二章的第三节"中国民间竞技游戏习俗"中来讲。"柯本"把"中国语言民俗"作为单独的第十三章来讲解，分为谚语和俗语、谜语和歇后语、吉祥语和禁忌语三部分在三节中进行介绍。而"王本"的特色是语言与文化相结合，在编写时注重民俗语言内容的编排，将民俗文化的传授与民俗语言的教学结合起来，力求把民俗语言研究成果与对外汉语文化教学内容"熔于一炉"。因此，"王本"并没有将语言民俗作为单独一章进行讲解和介绍，而是把语言民俗融合穿插在每一章节中，把每一类民俗事象中涉及的语言民俗内容归到各个章节下，在每一章的最后一节呈现。如"中国民间交际礼仪习俗"的"交际礼仪习俗与语言"，"中国民间人生礼仪习俗"的第五节为"民间人生礼仪习俗与语言"，"中国民间服饰习俗"的"服饰与语言"，"中国民间饮食民俗"的"民间饮食习俗与语言"，等等。

"柯本"与"王本"的微观对比：

（1）"柯本"和"王本"图片数量的对比。这两本书都是讲中国民俗文化的，因为是有关文化的内容，所以要求其生动、形象、有趣。因此，图片是一个很好的表达途径。通过图片可以使一些用语言描述显得苍白的民俗事象变得直观和具象化。外国学生不必一字一句地去想象和揣摩这段话所要表达的含义，有图片就可以一目了然。因此在这两本书中都出现了大量的图片，以图文并茂的方式呈现了中国民俗文化。饮食民俗和服饰民俗是最具象化的民俗，因此图片较多。而民间信仰、民间商业习俗这些比较抽象的习俗图片数量较少。总体来看，这两本书所包含的图片在每章节的分布情况是一致的，且图片数量差不多。但是"柯本"为188张图片，"王本"为135张。"王本"在总字数超过"柯本"将近一倍的情况下却比"柯本"少了53张图片。"柯本"的图片大而清晰，而"王本"的图片比较小，且有的较模糊。"王本"在每个章节的综述部分都会放一张本章节最具代表性的图片，这是"柯本"所没有的特点。

（2）"柯本"和"王本"少数民族民俗内容设置对比。这两本书都是包含了汉族民俗与少数民俗的、内容丰富多彩的中国民俗文化教材。"柯本"和"王本"都力求中国民俗的完整性，考虑到了中国56个民族各有特色，因此兼顾了汉族民俗与少数民族民俗，但两者在内容选取和叙述结构的安排上略有不同。这两本教材涉及的少数民族都非常广泛，而且都是以几大少数民族（即壮族、蒙古族、藏族、回族、苗族、维吾尔族）为重点，着重介绍了人数较多、历史悠久、风俗多样的几大民族的风俗习惯。衣食住行各个方面的风俗习惯都设置了少数民族的部分。"柯本"所涉及的民族范围更多更广，"柯本"总共涉及35个民族，而"王本"总共涉及26个民族，"柯本"比"王本"多了9个少数民族。两本教材对汉族风俗和少数民族风俗的编写顺序不一样。"柯本"是先讲汉族，然后再讲少数民族，在一些章节中，对少数民族风俗没有分民族进行详细的介绍而只是一笔带过。但"王本"几乎每一章都有汉族和少数民族的风俗，把少数民族的习俗单独作为每章中的一节，不会因为汉族占多数就忽略少数民族，而是平均用力地向外国学生介绍少数民族风俗。虽然"柯本"所提到的少数民族较多，但有许多都缺乏详细的民俗介绍，没有"王本"那样分门别类依次进行详细的介绍。

（3）"柯本"与"王本"的课后思考题对比。虽然两本教材都十分重视教学效果和反馈，在每一章的最后设置了思考题，但是两本书思考题的切入点不同，考查角度也不同。就服饰民俗、饮食民俗、交通民俗和生产商贸民俗四个章节的课后思考题进行对比，从对比中我们可以发现，"柯本"的"思考与练习"主要是对民俗知识内容本身进行设问和考查，主要是为了看学生是否记住了这一章的民俗知识内容，而很少涉及跨文化交际和两个国家民族风俗对比。而"王本"的"思考题"设置是从学生的角度去安排的。每一章的思考题都有汉外两种或几种民俗的比较，让学生在对比中学习、理解和记忆，这样做可以加深外国学生对中国民俗的印象，帮助他们理解和记忆中国民俗知识。而且注重跨文化的内容，依靠中外的民俗文化对比引发学生思索，让学生更能深刻地体会到中国民俗的独特魅力。其次，"王本"的思考题设置还包含了"柯本"所没有的内容。"王本"注重民俗语言内容的编排，将语言民俗融入民俗文化的讲授中，因此"王本"的每一章的最后一节都是该领域的语言民俗，具体包括交际礼仪习俗与语言、民间人生礼仪习俗与语言、服饰与语言、民间饮食习俗与语言等，因此在每一章的思考题里也相应地设置了关于语言典故、民闻俗谚、民俗语汇的内容。把对语言的考查巧妙地融入到对民俗文化的考查中，有效地兼顾了语言和文化的关系，把语言与民俗充分结合在一起。再次，"王本"还十分重视跨文化的重要性，因此在课后思考题中列举了跨文化交际的实例让学生进行思考，感同身受地体会中国民俗与外国民俗的异同。例如"王本"第42页第二章"中国民间交际礼仪习俗"的第2个思考题就举了这么一个跨文化交际的例子："有一位驻外人员叙述了这么一段经历：在巴基斯坦时，有一次请学生到使馆看中文电影，一位刚结婚的学生把妻子也带来了。老师见到后，主动与学生妻子握手，并且握得很紧，以示热烈欢迎。第二天上课时，学生满脸怒气，拒绝回答该老师的提问。课后，另一个学生告诉老师，这位学生认为老师主动逼他妻子握手，太失礼。原来按照巴基斯坦礼俗，男子对陌生女子不能主动握手。老师说出了自己的本意是表示客气与友好后，才算消除了误会。根据这一事例，请说出在跨文化交际中人们应该注意哪些问题？怎样才能避免交际的失败和交际中可能产生的误解？"这一思考题的设置充分体现了"王本"教材的跨文化交际视角。

## 第四节　"王本"的特色与优缺点分析

### 一、"王本"的优点与特色

（一）民俗文化与语言教学相结合

关于语言教学和文化教学关系的讨论一直是对外汉语学界的热点话题，1994年在北京召开的"对外汉语的定性、定位、定量问题座谈会"上，提出了文化因素应该渗透到语言教学中的思想。现在许多人开始在对外汉语语言教学中导入文化内容，但是对在文化内容中如何穿插语言的学习还没有太多的尝试，语言本身是一种文化，文化也寓于语言之中，依附于语言的语音、词汇、语法系统中。日本民俗学之父柳田国男先生将语言学的学问归入民俗学的知识结构和视角中，把民俗作为了解掌握一国语言的切入口。在对外汉语教学中注入相应的民俗内涵，可以帮助学习者快速而正确地把握汉字认读写，提高理解力。因此，王衍军在《中国民俗文化》（第二版）中将民俗文化与语言进行了有机结合，在民俗教学的讲解中加入民俗语言的相关内容，在民俗教学中引导学生掌握语言知识，培养他们的交际能力。比如利用民俗文化事象阐释多义词，如"生"字含有两层含义。一为生熟之生，二为生产之生。在民俗文化中人们利用"生"字的多义性进行良好的祝愿和祈福。新娘子在结婚时会吃半生不熟的面条，有人会问她"生不生"？答"生"。这里的"生"一是说面条没有熟，二是寓意她会生儿育女。在讲解这一婚俗时可以引入对"生"字这个多义字的讲解。通过对多义词的学习可以使他们了解其背后的民俗文化隐义，从而引导他们掌握双关修辞格的用法。王衍军的这本民俗文化教材把中国各种民俗事象与和它相关的俗语、谚语、谐音甚至汉字的来源都进行了总结概括，将种种语言现象和民俗文化现象联系起来，用民俗的知识性讲解来使外国学生更加深刻地理解某个词语、某一个句子、某个俚语俗语。每一章的最后一节都是该民俗文化与语言的内容。如讲到中国民间饮食习俗，在本章的最后设置"民间饮食与语言"一节，讲到"吃饭"这个词就联系到种种社会现象和风俗：把从事什么职业说成吃什么饭，从政的叫"吃政治饭""吃官饭"，文人叫"吃笔杆子饭"，情况紧急叫"吃紧"，受了惊吓叫"吃惊"，经受困难叫"吃苦"，受了损失叫"吃亏"。此外，对"酸甜苦辣"这四个字也联系民间风俗进行了阐释。"酸"，一种不太好的味道，也常被用于形容不好的人或事。比如"心酸"，指心里悲痛。如"这出戏看了让人心酸"。关于"甜"也做了如下阐释："甜"，好味道，常常用于形容好的人和事。"她笑得很甜"，形容笑容灿烂；"日子过得甜甜蜜蜜"，形容生活过得很愉快、很幸福。"苦"，不好的味道，常用于形容不好的事物。比如"苦头"，相对于"甜头"指苦痛、磨难、不幸；"苦笑"，心情不愉快而勉强做出的笑容。"辣"是一种具有强烈刺激性的味道。多用于比喻言辞激烈、手段狠毒、性格泼辣等。比如"辛辣"，比喻文章、词语尖锐而刺激性强；"心狠手辣""毒辣"指手段或心肠恶毒。此外，关于饮食的成语和俗语在教材中也有许多介绍和解释，如脍炙人口、回味无穷、画饼充饥、黄粱美梦等成语，还对"炒鱿鱼""吃小灶""欠火候""敬酒不吃吃罚酒""生米煮成了熟饭"之类的关于吃的俗语都一一进行了详细解释。语言中的词语和文字本身直接记录和反映了人们的生活，因此，文字与民俗也密不可分。"王本"在第99页根据《说文解字》介绍了汉字的构成和意义。如"孝"字，甲骨文字形是一个小孩手扶或背负着一个头发稀疏的老人走路，这就是"孝顺"的表现。这样安排语言和文字内容可以使外国学生在了解民俗的同时学习有关的字词句，丰富了学生的词汇、语汇，从而使学生在日常运用时能够更加得心应手、妙语连珠。

（二）注重民俗知识的实用性，贴近现实生活，进行中西对比

"王本"与"柯本"相比的又一大特色是其贴近日常生活，更加注重书中民俗知识的实用性。例如同样是讲人生交际礼仪习俗，"柯本"只在第149页至151页进行了简略的说明，内容也只涉及了餐桌礼仪、宴会座位次序、喝酒习俗等，而且篇幅很短，没有可供留学生学习和应用于生活的实质性内容。"王本"则不同，"王本"在第13页至第42页用了整整30页的内容详细介绍了中国少数民族民俗与汉族的交际习俗，对于我们日常生活中普遍使用的汉族交际习俗更是进行了十分详细的说明和介绍。如介绍中国民间服饰习俗部分，在第131页提到：中国广大地区还流行一种在"本命年"里系红腰带、穿红裤头、着红装、佩戴红色饰物的习俗。还有第251页讲解民间数字信仰时举了这么一个例子：广州长安医院不孕不育专科打出的广告牌"治不孕，到长安"，所留联系电话为"020-22222222"，颇为有趣，电话号码为8个2，非常好记，同时"2"谐音"儿"，又体现了中国人生子的强烈愿望。这样贴近生活的例子生动有趣，让人忍俊不禁，对留学生来说更是可以让他们对于日常生活中时常见到却忽略掉的民俗事象有更为生动的认识和印象，清楚地明白日常生活中的所见所闻。就实用性方面来说，最典型的例子当属在"汉族的交际礼仪习俗"这一节就包括了日常交际习俗的方方面面，小到一般打招呼用语，"王本"都进行了详细说明，使留学生一目了然。而且教材内容的应用性很强，留学生在日常生活中可以参照这些民俗知识开展交际行为。在重视教材实用性的同时，"王本"也十分重视中西方民俗的对比，王衍军认为："来自不同国家的学生在课堂上学习和讨论中国民俗文化时，他们不仅会将中国文化与自己的母语文化进

行对比，而且，还常常不自觉地在其他国家文化之间进行比较。在文化比较中要把握好异同两个方面，不能只注意到差异性。"所以，在教授中国民俗课程的过程中，应该注意联系留学生所熟悉的民俗文化，通过比较使其对民俗知识掌握得更为全面、牢固。"学习一种外语，当然要学习这种语言的文化，但教材内容如果完全远离自己的社会生活、国情和文化，学生的积极性肯定要受到影响。"在这种教学思想的指导下，"王本"在民俗文化的讲解上兼顾中西，进行了充分的中外对比，力求留学生能联系自己国家和民族的文化，更加清晰准确地掌握中国民俗文化。例如在第25页讲解"见面礼节"中的"握手礼"时，就与其他国家同一民俗事象做了比较。法国拜访或离别都握手；德国只在进门时握手；非洲人在握手后手指会发出声响；在美国，男人之间的握手很用力；在中国，一边讲"你好"一边握手，对此并无忌讳；在俄罗斯则不允许两人隔着门槛握手。在第29页"中西宴请礼俗差异"这一部分也对中国和国外的宴请习惯进行了对比分析，如在中国客人会担心主人花很多钱往往会不点或点不贵的菜，而在国外，客人会毫不客气地根据自己的喜好来点菜。通过这些具体民俗事象的细节对比可以更容易地发现中国民俗的特点，使留学生印象深刻，从而将中西民俗文化融会贯通。

（三）旁征博引，引经据典，内容丰富翔实，生动有趣

与"柯本"不同的是，"王本"对中国各个地域和民族的风俗习惯进行了深入彻底的考察和调查，使其内容翔实充分，并且对民俗事象描绘得非常具体细致，充满了画面感。比如在讲解汉族的丧葬习俗时，对各个地方的"送终"和"停丧"仪式、报丧仪式、"做七"仪式、吊唁仪式、入殓仪式、出殡仪式、下葬仪式等都分地区进行了详细的有关内容和过程的描述，还原真实生活中的场景，生动具体，让人印象深刻。再如，讲解四合院时，对四合院的布局、结构、特点、陈设、精髓都进行了细致入微的描述，并辅以图片呈现。除语言上的详细生动外，"王本"还从各个方面大量引用诗词歌赋、历史典故、

文学作品等来讲述民俗文化，让民俗文化的学习更加具体、生动、富有趣味。

这是"王本"与其他民俗教材相比的独特优势和突出特色，该教材在讲解民俗时注重考究民俗的出处来历和历史依据。引用内容主要包括以下几方面：历史典籍（共53个）、地方县志（3个）、历史典故（8个）、神话传说（2个）、古典诗词（22个）、其他文学作品（28个）、影视作品（1部）、族谱（1册）。这样旁征博引可以使教材的内容更充实，从而丰富了教材的可读性和可信性，使民俗文化不仅仅是人们口耳相传的故事，而且是具有根基和历史的文化。这样可以使留学生对中国民俗文化在感性认识之后有更加理性、更加全面的认识。书中的诗词歌赋也增加了该教材的文化底蕴，使这本教材有着更丰厚的文化基础，内容显得厚重而踏实。而引用古代神话传说和近年来的影视作品则使得教材更加生动有趣，更能激发学生学习中国民俗的兴趣。此外，作者还以自身为例，在讲到姓氏习俗时，以山东泗水的《王氏族谱》为例，用自己名字的来源进行分析，剖析名字与辈分的关系，生动又具体。

（四）与时俱进、关注现代，注重信息更新

民俗文化是人们在生活中不断创造的文化，民俗随着社会的发展而发展，随着人们生活的改变而改变。因此，作为民俗教材也应该注重反映当代的风俗，不仅要介绍其历史来源，更应该教给学生当今生活中的习俗，这样才有利于学生实际的交际与应用。因此，"王本"十分注重信息更新，在讲解民俗时注重讲解其发展演变的过程，让学生了解到中国民俗文化的发展脉络，并掌握最新最实用的当代民俗文化知识。例如，在讲解打招呼常用语时，就介绍了近几年才流行的"你在哪儿发财？"这一招呼语。这句话如实地反映了中国人近几年来从上到下以经济建设为中心奔富裕的文化心理，折射出得到温饱后的人们的更高追求，这是一种历史的进步。讲授最新的这一招呼用语，有利于学生了解当代最真实的中国。在讲到埋单习俗时说中国人有抢先埋单的习惯，不过现在很多开放型的人，也喜欢AA制。这样叙述中国人埋单习惯的变化，可以让留学生在日常交往中将中国民俗运用自如。在讲到跪拜礼时，更加明显地体现了与时俱进的特色：1912年，孙中山先生宣布取消跪拜礼，改为握手，这无疑是社会文明的一大进步。但目前在民间祭祀、祝寿、拜师、拜年等礼仪活动中，仍经常使用跪拜礼。再如，在人生礼仪习俗部分谈到在现代生活中，由于中国实行计划生育政策，提倡一对夫妻只生一个孩子，宣传"女儿也是传后人"。因此，现代中国社会中"养儿防老""添丁添子"的心态逐渐淡化，这也体现出中国人民族心态的变化和文明意识的进步。这些都是对于当代中国最新民俗发展变化的介绍。在书中第57页还介绍了2007年4月，为弘扬中华文化，中山大学举办了"冠礼"表演。书中第292页介绍中国于2008年在制度上承认春节、清明节、端午节和中秋节这"四大节"，重新调整法定节假日的分配，赋予这些节日体系以法定假日的地位。传统节俗对于中国文化的重要性得到了官民一致的认可。这是关于中国民俗搜集的最新资料和例子。书中这样的例子不胜枚举，说明该教材注重信息的更新，紧跟时代步伐来讲授民俗，让留学生能够把握中国民俗的最新动态，为他们提供最新最可靠的民俗文化情报。

二、"王本"的缺点与不足

除上述优点与特色外，"王本"也有其缺点和不足之处。

"王本"的作者为山东泗水人，因此在编写本书时难免会从家乡民俗入手，但在本书介绍各地民俗时，却过多介绍了山东各地的风俗习惯，使山东民俗在各地风俗介绍中占了相当大的比例。例如在讲人生礼仪习俗部分，几乎全部以山东为例，会让读者误以为本书是山东民俗介绍，对全国其他地方的人生礼仪却鲜有介绍。再如第一节民间诞生礼俗从"报喜"部分就以山东南部济宁一带为例；"洗三"还是全部以山东的民间习俗为例；而"送米粥"习俗以山东为例，涉及山东聊城、蒙阴一带；"过满月"的部分仍然以山东民俗为重，列举了山东临朐、胶县的例子；"过百岁"中"百家衣"以山东胶县、聊城和临朐为例；"抓周"以山东菏泽为例。可以说诞生礼仪的80%都是介绍的山东各地的风俗习惯。汉族婚俗部分也多次以山东为例，涉及山东南部、沂蒙地区，山东郓城、招远、栖霞、德州、日照、曲阜、无棣县和黄县等地。在第八章"中国民间商业习俗"中也多以山东为例。全书除山东外，陕西、山西、河南、广东、浙江几省所占比重也比较大，而对于西南和中国南部的一些省份却鲜有举例。讲解中国民俗时，对各个地方风俗举例的比重失调会导致学生无法对中国南北方各地整体风俗有均衡的认识，这会导致学生的民俗知识结构失衡。

## 第五节　对于对外汉语民俗文化教材的编写建议

通过对"柯本"和"王本"两本民俗教材的对比分析我们可以得出以下几点结论，并对以后的民俗教材编写提出以下建议。

1.中国民俗教材编写要突出针对性

对外汉语民俗教学是一个独特的文化教学领域，因此，不能使用普通的民俗读本来教授给留学生，而应当综合留学生或外国汉语学习者自身的特点、汉语水平、接受能力等各个方面因素精心选择民俗文化内容，用心编排。在讲述民俗事象时语言应尽量简洁、难度适中，力求用最简单的话语描述清楚某一民俗现象。要充分考虑学生的词汇范围，并且对于重难点汉字和词汇进行拼音标注和解释。

2.中国民俗教材编写要凸显时代性

中国民俗是一个传承、创造、发展、变化的过程，许多民俗事象古今有别，因此在讲解中应该联系实际、搜集最新关于民俗方面的资料、注重信息更新，与时俱进。力求呈现给外国学生最新、最全面、最准确的民俗知识。

3.中国民俗教材编写要兼顾中西对比、跨文化交际等内容

如果在民俗教材中只给学生灌输中国民俗文化内容，会显得枯燥和孤立。

而将中国民俗与留学生自己国家和民族的风俗习惯做比较，进行中西对比分析，就会让中国民俗文化的特点更加清晰，也更有利于学生把握中国民俗各个具体细节的要求和规则，在日常跨文化交际中能有的放矢，"知己知彼，百战不殆"。

4.中国民俗教材编写要做到图文并茂，旁征博引，生动有趣

民俗教材是文化教材的一个种类，文化本身就是多姿多彩、富有趣味的。因此，民俗教材理应重视讲解的趣味性和生动性。图片是最直观的方式之一，应当在民俗教材中加入大量的图片，以便对民俗事象进行具体而生动的诠释。

5.中国民俗教材编写要做到对各民族、各地区统筹兼顾，平均用力

中国是多民族的国家，疆域辽阔，南北东西各有特色。因此，民俗教材也要注意民族和地域特色，中国民俗教材应包含56个民族的共性和个性，对汉族与少数民族的风俗习惯都应有所涉及。此外，各个省份和地区的风俗习惯也应兼顾，不能对某一省份的民俗有过多的讲解偏重，而忽略了其他省份，各个省份举例所占比例要均衡，港澳台地区的民俗也是不容忽视的一个环节。只有这样编写民俗教材，才能全面呈现出博大精深、异彩纷呈的中国民俗文化。

# 第十一章 对外汉语教学中的民俗课程设置及教学方法研究

## 第一节 国内各高校民俗课程设置现状研究

一、学校教育中设置民俗课的现状

广义的民俗文化教学包括以下三类：

（1）在语言课中出现，主要存在于课文内容、课文注释中，即语言教学中的文化因素教学。在这种类型的民俗教学中，民俗文化充当语言的载体，或辅助教学手段，居于辅助地位，并不对民俗文化做全面系统的介绍或阐释。

（2）文化专题讲座。此类民俗教学主要是作为文化的某一分支来讲解和教授的，如选取留学生感兴趣的中国神话传说、民间故事、传统节日等进行专题讲座，或是泛泛而谈地进行中国社会风俗的一般性讲解，在短期进修班中进行"拼盘"式的介绍，点到为止。

（3）以中国民俗文化为专门的文化选修课，名称有"中国社会与风俗""中国风俗概观""中国民俗"等。一般在中高年级开设此类有关中国民俗的选修课，对中国民俗进行系统的教授，并安排参观、讨论、写报告等学习活动。此类民俗教学为比较全面深入的系统学习和介绍。

第一类为广义的民俗教学，第二、三类为狭义的民俗教学。不过从长远的民俗教学建设来看，后两类民俗教学更有研究意义和价值。

以下是笔者对几大高校中民俗教学情况做的调查，其结果反映了目前国内对外汉语教学中有关民俗教学方面的一些问题，主要有如下几方面。

**1.中国民俗文化课程设置不完善**

在这10所高校中只有4所学校开设了专门的民俗文化课程，其他6所高校并没有专门的民俗课的设置。开设民俗文化课程的高校基本为具有长期对外汉语教学历史的名校。这虽然只是全国百所高校中的一小部分，但是也在一定程度上反映了民俗课在对外汉语教学中的缺失。各高校的对外汉语教学更多的是把民俗文化作为中华文化的一部分进行介绍和讲解，民俗教学寓于综合课教学和各项技能课的教学中，作为课堂文化讲解的补充。

**2.中国民俗课没有专门的民俗文化教材**

在开设民俗课的北京语言大学、中央民族大学、复旦大学和陕西师范大学这4所高校中均没有使用专门的中国民俗文化教材。民俗课的授课内容由老师搜集资料、制作PPT的方式决定。缺乏系统的民俗知识框架体系和专门教材的支撑。留学生学习民俗时没有课本作为知识获取的依据和课后复习巩固的材料。没有教材的缺点导致了学生的民俗知识不成体系、比较零散，教师讲授民俗知识也比较随意，难以使学生对中国民俗有一个全面而丰富的认识。由此可见，民俗课的教材建设是亟待解决的问题，也是对外汉语民俗教学中缺失的一个部分。

**3.中国民俗文化活动比较缺乏**

虽然近10所高校都多多少少开展了一些民俗文化活动，但都仅局限于某一个领域，活动次数也不多。有些学校把部分民俗作为一门课程来教授，如厦门大学的书法课，兰州大学的太极拳课、书法课、民歌课、剪纸课，北京师范大学的剪纸课等，这些课程中虽含有中国民俗文化的因素，但更多的还是普遍意义上的文化技能课。只有北京语言大学有定期的民俗体验活动，如去茶馆、听京剧、看杂技等。对外经济贸易大学也有去老舍茶馆的体验活动。此外，陕西师范大学的龙舟竞技也是不错的民俗体验活动。形式新颖一些的民俗活动有北京师范大学的小品表演，河北大学的知识问答竞赛和主题晚会。但民俗活动在各高校的对外汉语教学中仍然是偶然性、不规律、不成体系的活动。由此可以看出各高校针对留学生开展的民俗活动的缺失和不完善。

4.在华短期强化项目中有关民俗活动太过随意、不成体系

在北京语言大学、中央民族大学、复旦大学和陕西师范大学的在华短期项目中，民俗文化的讲解和体验活动是根据短期培训者的需求制定的，具有很大的变动性和随意性。培训中并没有系统的关于中国民俗的讲解，而只是出于培训机构对某一方面特定民俗的需要而临时进行讲解。民俗学习所占的学习时间也并不多，自由度很大。如中央民族大学在下午会安排教室里的民俗讲解，晚上则会安排逛街等自由活动。这其实不能算是标准意义上的民俗文化体验活动。因此，在短期强化培训课程中关于中国民俗文化的建设也亟待加强。

随着我国第一批国家级非物质文化遗产名录的公布，举国上下对我们生活中一些习以为常或熟视无睹的文化现象开始密切关注。我们在庆贺首批500余项非物质文化遗产入选的同时，更应思考怎么去保护这些宝贵的遗产。非物质文化遗产大多属于民俗文化范畴，笔者以为，培养具有文化遗产保护意识的新一代具有更为重要、更为深远的意义。因此，在学校教育中设置民俗文化课程已经迫在眉睫。

民俗是人类生活中一种普遍而特殊的社会存在，是人类特殊的伴生物。社会中每一个心智健全的人，都无法脱离一定的民俗圈，在他们身上，都烙有这样或那样的民俗印记。一般而言，民俗是指那些在民众群体中自行传承或流行的不成文的规矩，一种流行的模式化的活世态生活相。民俗与一般的文化意识形态不同，它是人类文化意识的原型。在人类文化意识形态"宝塔"构制中，民俗处在最底层，如同尚未提炼的矿石，是一种综合性的原生态的意识团。在人类社会结构里，它处在经济基础和上层建筑的中间环节，以两栖型的形式，跨于经济基础和上层建筑之间。也许正因为如此，民俗很少被有意识地纳入学校教育的视野中，而常常被认为是一种依靠民间传承（主要是口耳相传）形成的民间传统文化。

　　但是，传统往往也有"难传"的时候，外族入侵、国内战争以及所谓的"文化革命"就曾使某些传统失传，许多优秀传统今天只能见于典籍、方志等文献了。那些被当作"四旧"破除、砸烂的有不少是平淡的绚烂。改革开放以后，西风再次东吹，人们不得不对我们民族的文化又一次深深反思，于是有识之士惊呼：我们的许多优秀传统已经到了濒危的境地！一个民族突然有了找不着根的忧虑，这是一件十分可怖的事情。

　　与此同时，我们的党和政府也在反思我们民族的文化前途。党的十六大发出了"扶持党和国家重要的新闻媒体和社会科学研究机构，扶持体现民族特色和国家水准的重大文化项目和艺术院团，扶持对重要文化遗产和优秀民间艺术的保护工作"的号召。这一号召极大地推动了我国民俗文化事业的发展。自此，学校教育中也更为关注民族文化教育。这不仅表现在"民族精神教育"主题的不断被强化，也表现在不少省份开始意识到地方文化以及区域民俗风情对于现代教育的特殊意义。一些省市或学校开始编写某一区域的文化或民俗风情教材；有些学校着手开发民俗文化校本课程，创编校本教材；在语文、政治、历史等课程教学内容中有意渗透一些民俗文化内容。但如果把这个行动称为"民俗教育"的话，现状并不十分理想，主要表现在以下方面。

　　1.课程定位不明确

　　现行的教育体制虽然已在关注素质教育，但终因需过升学考试关的压力，课时计划的限制，以及各个学校之间激烈竞争的现实，素质教育往往停留在应景甚至作秀的层次上。民俗教育无疑应该纳入"素质"的范围，但因为大多是"应景"，因此即使在设有民俗类课程的学校里，民俗课程也往往跟其他次要课程一样被随意取舍、占用，成为应付上级检查或展示学校素质教育实绩的一种形式。能真正认识到民俗教育课程的育人素质地位的很少。在目前的学校教育中（除了大学的民俗学学科点之外），民俗教育大多呈现杂乱无序状态，几乎没有循序渐进、统筹安排的教学计划。教育部门虽然也意识到学校教育在传承民俗文化上的特定作用，但因为忙于应试，尚无余暇抽调专门力量从事民俗课程建设的研究和设计。

2.课程内容真伪混杂

因目前尚无一支专业的民俗教育师资队伍，从事民俗教育者自身的民俗理念尚待更新，素养尚待提高，民俗教育教学内容设置存在不少问题。如真伪民俗内容往往鱼龙混杂，容易造成谬种流传、贻误子弟的消极影响。再如，把"民俗"简单归结为旧时代乡下人的土特产，或大讲民俗事象中的无知、愚昧、荒谬等陋俗成分，这在已具有一定辨析能力的学生当中，很容易造成对民俗的鄙视、误解和拒斥心理。

3.水平参差不齐

全国各地教育水平的不均衡也带来了民俗教育水平的参差不齐。民俗资源丰富的地区，学校民俗教育的水平却不一定同步。有些省市喊出了"建设文化大省"的口号，启动了不少"文化工程"，却遗忘了学校教育这个重要阵地。高等教育中民俗文化教育的缺席也很严重：目前我国高校中的民俗文化教育仅限于二十几所高校所设的民俗学学科点，而这些学科点也才刚刚开始尝试开设中国民俗通识课程。原本应从基础教育到高等教育循序渐进、系统开设的民俗教育课程，却在前期缺少基本知识积累的情况下，先在大学设起学科点。更有一些学校的民俗学学科点属于乘风上马之类，尚无深厚的学科基础。从接受教育的系统性和连贯性来看，我国的民俗教育的水平极不平衡：不同地区的民俗教育不平衡，高等教育阶段的民俗教育与基础教育阶段的民俗教育也不平衡，甚至表现出反常"开挂"。因此，为了保护我们的民族文化，也为了我国民俗学科的稳固发展，我们的民俗教育必须从娃娃抓起，从基础抓起。

总之，目前我国学校教育中民俗教育缺乏调研，缺乏定位，缺乏系统，缺乏学科意识。为现实也为将来，为今人也为子孙，民俗教育不可或缺，在学校教育中开设民俗课程已是刻不容缓。

二、学校教育中设置民俗课程的必要性

民俗本身也是一种生活方式，所以，民俗教育和生活常常有着密切的联系。以往的民俗教育主要是在日常的家庭、族群生活中有意无意地实施：长幼一起活动机会较多，口耳相传、耳濡目染之中，孩子学会、领悟到了许多民俗文化知识。现在的家庭模式和教育模式早已不同于从前：大多数家长忙于自己的事情，一般孩子在成长过程中，可以说绝大部分时间是在学校中度过的。从3岁入幼儿园，经过小学、中学、大学等等，他们失去了众多亲身感受民俗的机会，与民俗生活越来越疏远，以至对重要民俗事象不甚了解或一知半解。从教育的全面科学发展来看，在文化教育链条上，现行的学校教育中有必要补上缺失的人生这一课，否则，孩子长大成人后容易因先天不足"导致营养不良"。所以，在学校教育中开设民俗课程，将文化传承纳入学校教育环节之中，既是适时之需，也具有极为深远的意义。

1.学校教育中开设民俗课程是保护和传承文化的需要

学校是传承文化的主要渠道。人类的文化是有层次之分的，除了我们通常所说的形而上层面的精英文化外，很大一部分是民间文化。民间文化是传承性的生活文化，它包括一国或一族民众的生活技艺、口承语言艺术、文化心理模式等在内的庞大内容。它是人类文化的基石，支撑并衍生出人类的整个文化大厦。国务院办公厅2005年颁布的《国家级非物质文化遗产代表作申报评定暂行办法》将口头传统，包括作为文化载体的语言、传统表演艺术、民俗活动、礼仪、节庆、有关自然界和宇宙的民间传统知识和实践、传统手工艺技能以及与上述表现形式相关的文化空间都划在"非物质文化遗产"的范围之内。如此丰富多彩的文化内容大半都和民俗有关，这些遗产急需保护和传承，完全可以渗透到学校教育之中，设置不同层次、不同形式的民俗课程进行教学。优秀的文化传统需要接力，学校教育是文化接力的最为有效的形式。确立了民俗文化课程在学校教育中的地位，教师就同时肩负着传授民俗文化、民俗知识的重任。

保护民间文化是全民的大事，也是事关千秋万代的事业。民间文化的保护和开发，在我国已引起了社会各界广泛的关注。2006年起，每年的6月10日成为我国法定的"文化遗产日"。在第一个保护日活动中，各地、各级政府和企事业单位、各类民间团体纷纷以不同寻常的热情投入其间。但实事求是地讲，这一切似乎与学校发生的联系较少。随着全球化和现代化的发展，文化生态的一再被破坏，无数优秀的民族、民俗文化正濒于消亡的境地，我们民族的精神灵魂面临着无家可归的危机。保护民间文化传统，让它们成为种子在一代代人的心田生根、发芽、开花、结果，最为行之有效的措施就是让它成为人生必修课走进学校，让它成为课程教材走进课堂，走进民俗传承的历史链条之中。

2.学校教育中开设民俗课程是培养民族精神和凝聚力的需要

在全球化和现代化进程中，世界性的文化趋同已引起人们的普遍关注，我国的文化生态也发生了巨大的变化，民俗文化遗产受到猛烈的冲击。保护民间文化遗产行动，体现了现代人对曾支撑民族精神家园的精神文明形态及价值的重新审视和认知、依恋和追寻。民族精神作为各民族对人类文明的共同选择和人类特定的文化现象，是促进人类社会进步的重要力量。民俗传统所产生的巨大精神力量，始终是各民族生存、发展和进步的原动力。民俗文化也是世界文化多样性的体现，显示了一个国家和民族精神文化的特有标记。我国优秀民俗传统中所展示的中华民族特有的生存方式、生活智慧、思维方式和文化意识，可能蕴含着我们国家和民族文化生命的密码，承载着中华民族上万年活态的文明史。民俗传统也常常是我国人民生命创造力的高度展现，是维护我国独立于世界文化之林的文化身份和文化主权的基本依据。激发新一代的民族自豪感，弘扬中华民族的民族精神，增强民族凝聚力，不仅是国家和民族发展的需要，也是国际社会文明对话和人类社会可持续发展的必然要求。民族精神往往是以特定的无形或有形的民俗为载体的民族的自我意识和自我认同，是理想信念、人生观和价值观中的独特的"我们感"，以及思维方式和行为方式中集体无意识和有意识构建的人格体现。所以，在学校教育中开设民俗课程既是凸显民族个性的需要，也是塑造学生人格的有效手段。

3.学校教育中开设民俗课程是接受民俗知识的需要

从民俗学的定义看，美国当代著名的民俗学家阿伦·邓迪斯指出："自1846年威廉·汤姆斯最早使用了民俗学（folklore）这个词语以来，关于民俗学定义的讨论，一直没有中断过。很多定义侧重在知识（lore）方面，也有一些侧重在民众（folk）方面。显然，和任何学科一样，学科的定义不免有歧义，但是，总的倾向，大多数的意见还是明确的，主要是有关人民知识的学问。"事实上，大多数民俗事象确实是民众生存方式、生产、生活知识、智慧、经验的展演以及独特的民俗思考原型的体现。民俗学国际术语folklore，我国学界也曾译作"民间知识""民间智慧"。

从本质上说，教育的基本职能是以传授各科知识为主，现行的学校教育课程设置中，文理知识分别以语文、数学、外语、物理、化学、历史、地理、生物等课程为依托。民俗的广延性使它和众多的学科分支有联系，但"世俗性"又常常将它的科学性和知识性遮掩。甚至有人直接将民俗等同于迷信，这是对民俗的曲解。当然，完全以科学思维的尺度衡量民俗，可能会露出某个民俗事象形成中的无知、愚昧、荒谬。可是，它并不是个体的失误，它是一定民众群体在征服自然、发展自己的实践活动中，同感心理意识和参与意识的共同的选择、凝聚和升华。所以，民俗知识是生活化、技艺化或者仪式化了的知识。民俗教育的短缺，已经使今天的年轻一代常常不能很好地认读自己的胞衣文化，等到发现很多"拿来"的原来竟是"自产"的，才惊叹自己差点丢弃了先辈留给我们的许多极其宝贵的遗产。幸而亡羊补牢，犹未为晚。如果马上行动起来，按知识门类来整理我们的民俗传统，再分别纳入相应阶段的教育之中，我们的教育将更完整、更健康。

### 三、学校教育中设置民俗课程的可行性

20世纪初日本民俗学的建设和拓展，对日本的经济、文化以及教育的发展产生了巨大的作用和影响。日本民俗学鼻祖柳田国男先生因而称民俗学为"济世之学""国学"，和民俗密切相关的文化学科几乎遍及日本所有的学校。日本的民俗研究和保护成为当今举世公认的完备发达的学科。欧美的民俗学研究也异彩纷呈，并越来越朝着应用的方向发展，和现实生活发生着越来越密切的联系。

民俗本身是包罗万象的，它的版图与生活一样广博，因而民俗给学校教育提供了丰厚的资源，也给学校教育中民俗课程的开设提供了诸多便利。具体地说有如下几条。

#### 1.与素质教育目标的一致性

素质教育是为实现教育方针规定的目标，着眼于教育受众群体和社会长远发展的要求，以面向全体学生、全面提高学生的基本素质为根本目的，以注重开发受教育者的潜能，促进受教育者德智体诸方面生动活泼的发展为基本特征的教育。也是进入新时期以后，教育部门针对弊病百端的"应试教育"而采取的举措。

"素质"一词有几层含义，它可以指事物本来的性质，也可以指人的神经系统和感觉器官上先天的特点，当然也指人品、素养等等。而对于"素质教育"的内涵目前也有一些不同的说法。《中国教育改革和发展纲要》指出，素质教育包括思想道德、文化科学、劳动技能和身体心理素质诸方面的教育。柳斌认为：素质教育就是要教会学生做人，教会学生求知，教会学生办事，教会学生健体。而民俗文化或民俗知识本身就是一种素质，它既有文化素质，也有技能素质，还有思想素质等等。民俗与生活的水乳交融，使得民俗具有了显著的"素质"特征。从育人这一点看，民俗教育的目标与素质教育的总体目标不谋而合。

## 2.与校本课程相连的多样性

校本课程作为学校三级课程之一，目前受到越来越多的重视。校本课程的开设实质上是一个以学校为基地进行课程开发的开放民主的决策过程，即校长、教师、课程专家、学生以及家长和社区人士共同参与学校课程计划的制定、实施和评价活动。它涉及学校教育经验的各个方面，比如学校组织结构优化、教师在岗培训、教育资源选用和社区参与等多种相关措施。与一般的校本课程相比，民俗校本课程有着其他课程难以企及的优势。民俗的多样性使它获得了多向延展的空间，而民俗的渗透性又使它可以衍生出主题不同、内容各异、多姿多彩的校本课程。

## 3.与基础课程相通的知识性

在学校教育中开设民俗课程的便利还在于民俗具有与众多学科知识的相通性，它本身既可以作为传统知识传授，同时也不乏"现代"因子。

民俗内容极为丰富驳杂，包括了有形的物质民俗、伴随人生成长的人生社会民俗、人们的心意信仰民俗以及游艺竞技民俗等。仅物质民俗就衣食住行无所不包，如各类看得见、摸得着的生产工具、衣冠服饰、饮料食品、居住交通、器用杂物、民间工艺品等等。各类民俗之和就更是天文地理无不涉及了，可以毫不夸张地说，貌不惊人的民俗中包含了各科知识，且不乏系统性和科学性。今天，民俗同样可以成为现代化建设的有力支柱。我们可以对民俗披沙拣金，按照一定的知识体系去条分缕析，将民俗知识渗透到教学之中。

## 4.与区域文化结合的生动性

俗话说："百里不同风，十里不同俗。"民俗总是表现为一定的区域性，民俗文化从属于一定的区域文化。弘扬中国文化和凸显地方特色并不矛盾。中华文化正是千姿百态的地方文化互相辉映的结果。正因为如此，针对我国地大物博、民族众多的国情，教育部门很难制定一套具有普遍适用性的课程标准，因而不得不一再放宽要求，允许地方教材的差异性并存。这给各地根据区域文化特色编写教材提供了方便，一些乡土教材应运而生。生动有趣的地域风情不应停留在一般介绍的层面，而应深入到民俗层面进行分析，结合学校教育知识的系统性，将地域民俗有机地纳入日常的基本素质教育之中。比如说，体育就是一门受时空条件限制规约较多的课程。各地各族可在《课标》的指导下融入民俗体育内容，让民俗体育更便捷地走进学校课堂。这样做，既弘扬了地方特色文化，又实现了教学目标，同时还能赢得当地学生的喜爱。从全国范围来看，这样做又使得我们的体育教学体现出更为浓重的地方文化色彩，也使得我国的体育课堂更加生动有趣。

四、学校教育中民俗课程的设置构想

民俗知识作为人生必修课进入学校教育体系，成为整个学校教育课程的一个有机组成部分，其自身也应构成一个相对完备的课程体系。它既可以以基础文化课程的形式出现，也可以作为研究性拓展课程开设，还可以以实践课程或生活课程的形式实施。民俗课程与其他课程相比，从课程目标到课程内容，从实施过程到评价体系都有着比较鲜明的特点。

1.民俗课程的目标

教育目标是不同性质的教育和不同阶段的教育的价值，也是教育的总体方向，它所体现的是普遍的、总体的、终极的教育价值，它具体表现在教学设计上。现有学校教育课程或以认知目标为取向，或以行为目标为取向，还有的以人格目标为取向。民俗课程因民俗的综合性、混合性，其课程目标也会因时因地因人而异。但总体而言，学校教育中的民俗课程设置的总体目标是让受教育者通过对民俗课程的学习，感知、了解和接受我国优秀的民俗文化传统，认识自己在民俗传承中的义务和责任，热爱和保护我们的民俗资源。

2.民俗课程的内容

由于民俗知识的丰富驳杂，在不同程度的受教育者中，民俗课程的教学内容设置应具有较强的针对性。幼儿园、小学、中学、大学、研究生以及留学生，对象不同，要因人而异。但从教材角度看，应该有一个通盘的考虑，使不同层次的教材、教学呈现出系统性、系列化。比如，幼儿阶段的民俗教学内容主要体现在教师的教学活动编排中。教师可以选择各地生动活泼而又悦耳动听的童谣配以声像或者图画，让孩子们在朗朗上口的歌谣吟诵中想象、感受、体验歌谣所述说的故事或情境。许多看似简单浅显的童谣，不仅具有歌谣的诗情画意，而且还暗含了锻炼儿童认知能力的特殊功能。

又如，小学阶段，随着孩子认知能力的提高，民俗课程可以设计一些具有互动色彩的主题，让孩子在活动中习得，在参与中接受并思考。我们来看一个某小学的民俗采风校本课程的内容设计，从课程内容到课程目标，配套十分完整，我们可以从中获得某种启发。

课程架构

课程目标

（一）能了解家乡的来历，并能说出有关的传说。

（二）能指出与传说相关的历史遗迹。

（三）培养欣赏古迹之美，并知道爱护、维护古迹的原貌。

（四）能主动收集并研读家乡的传说故事。

（五）能说出家乡有哪些小吃。

（六）能说出家乡小吃名称的由来及特色。

（七）能介绍并与人分享家乡的小吃。

（八）认识谚语的由来，并了解其代表的意义。

（九）认识过年的风俗，并了解春联的由来及代表的意义。

（十）能掌握春联正确的贴法。

（十一）能欣赏并体会谚语和春联之美。

适用年级：小学二年级上学期。

活动节数：共15节（每节40分钟）。

课程主题：民俗采风

再如，在留学生教育中开设民俗课程，这是新形势下全球汉语热潮掀起之后，汉语作为文化推广的形势发展的需要。对留学生开设的中国民俗课程与对中国学生的有所不同。因为留学生了解中国民俗主要是出于兴趣或实用的需要，"人国问俗，入境问禁"是每一个身处异域的人需要做的第一件事。因此，为留学生设置的中国民俗课程的教学内容将主要介绍我国的一些特色民俗，并配以适当的图片或利用光盘，以增强生动性和现场感。

总之，民俗课程的内容会呈现出显著的区域特征和生活色彩，将相关知识巧妙融合于特定的民俗事象、民俗场景或民俗活动之中，真正实现寓教于俗，寓教于乐。

3.民俗课程的实施过程

笔者构想要使民俗教育真正成为我国学校教育的课程，关键还在于如何实施以及以怎样的过程实施。研究课程实施的意义早已被国内外课程研究专家们意识到。在对课程实施过程的探讨中，也许我们更能了解课程变革的实际，解释学习结果以及影响学习结果的可能决定因素。比之于其他教育课程的改革，学校教育中民俗课程的实施过程显现出更强的可操作性。随着教育对象的不同，每一次民俗课程的开设，从课程计划到课程采用再到课程实施都可以有异彩纷呈的主题设计，有比较明确的考评目标。具体到不同层级的学生，可采用的教学手段更是千变万化。

对学龄前儿童可以采用教唱民俗歌谣、学讲民间故事、临摹民俗图画、排练民俗游戏等手段，让孩子在活动中理解、感受我们的民俗文化传统。

对小学生可以组织其搜集整理民俗歌谣，演练民俗游戏，观看民俗音像资料等，让学生在参与中认识、理解、接受。

对中学生可以指导其完成民俗田野作业，让学生在研究中理解、发现、领悟、评析民俗活动的特点和意义。

对于大学生、研究生则可以结合其专业方向，引导其梳理、挖掘、研究民俗和相关专业的深层关系。将民俗中可贵的专业资源和现代化建设结合起来考察，把握民俗中那些亘古不变的民族情结。

当然，在其他科目中设计渗透于基础课程的民俗主题也是一种有益的尝试。比如文史类课程如何吸纳民俗文化，利用好民俗文化，不仅是关系着民族文化传承的大事，也直接影响着有中国特色的文科课程建设，影响着文科教学质量的提高。并且，一旦我们在学校教育中树立了民俗教育理念，或者在各科的教学内容中有意渗透民俗因素，那么，在各类课程的学习中，知识间融合将在学生的接受过程中自行发生。如果再有全局性的民俗渗透教材的辅助，自然是一件锦上添花的事情。

4.民俗课程评价体系

因为民俗课程的课程目标、课程内容以及实施过程的独特性，也决定了学校教育中民俗课程的评价体系的独特性。

一是民俗课程的评价对象具有多样性。课程与教学的计划、活动以及结果构成了课程评价的对象。民俗课程的方式既可以像一般理论课程那样一章一节地表述，也可以是一项具体的民俗保护行动，还可以是一次走访或调研等等。因此，民俗课程的教学活动和结果也就会呈现出多种形式，既可以是一次书面形式的答卷或小型论文，也可以是一次民俗调查报告，还可以是亲自采集的民俗声像资料……

二是民俗课程的评价标准具有差异性。由于民俗课程具有理论和实践双重性，因此，对于民俗课程价值的认定或特色的肯定，有可能出现不同的评价标准；同时，因为民俗课程的地区差异，评价民俗课程的尺度也可以因地制宜；另外，因为民俗课程进入专业视野以后，还会受到专业的制约，因而对民俗课程的评价又可能因为学科视角的不同，产生不同的结论。虽然，从大的学科分类来衡量，民俗学被归入法学界域，但事实上，民俗的触须几乎触及人们生活的所有领域。

三是民俗课程的评价途径和方法具有灵活性。紧承上文，评价标准的随机性导致了评价途径和方法的灵活性。我们既可以用理性的分析，也可以用感性的领悟，既可以用审美的眼光来赏析某一民俗课程的美学意义，也可以以应用的尺度来评价某一民俗课程的实用效果和社会效应。

## 第二节　对外汉语教学中民俗教学的策略和方法

一、挖掘语言形式内的民俗文化含义，在语言课中引入民俗文化的内容

当今对外汉语教育学界的权威吕必松教授认为："初级阶段交际文化因素主要反映在有关生活习俗范畴。到了中高级阶段交际文化因素就转入'具有浓重文化色彩的词语'为主的范围，具体的更多反映在成语典故、警句格言、新词语、习惯用语、隐喻、简称、缩略语等方面以及中国文化所独有的一些特殊审美观念上。"因此在语言教学中可以结合民俗文化对俗语、谚语、歇后语等语言现象和一些涉及民俗文化的语句进行解释。比如在讲到成语东奔西走、东张西望、声东击西时可以解释中国人"以东为尊"的民俗信仰，中国人把东方看作尊贵，东方也含有"主要"的意思。再如当讲到龙马精神、龙蛇混杂、生龙活虎、攀龙附凤、龙眉凤目、乘龙配凤、凤凰于飞、凤凰来仪、龙飞凤舞等有关"龙""凤"的词语时，可以引入中国民间信仰习俗中关于古人对四灵的崇拜。"麟凤龟龙，谓之四灵。"其中，中国人对"龙、凤"二灵尤为崇拜和敬仰，并形成了中国独特的"龙凤文化"。中国人把"龙"作为自己部落的图腾加以崇拜，炎黄子孙也称自己为"龙的传人"。龙象征着神圣吉祥，是帝王的象征。这样在语言课中对遇到的饱含民俗意蕴的词语进行民俗文化内涵的解释，使留学生对于这些词语理解和记忆深刻的同时又能学到中国民俗文化的知

识，可谓一举两得。

二、采取多种教学形式，综合运用多媒体手段进行民俗教学

民俗的学习是一种文化的学习，民俗课不应该只是听与讲之间的活动，而应该把民俗课开展成多角度、全方位、形式多样的教学活动。在讲授知识时可以运用PPT等多媒体进行民俗展示，如讲解到婚俗时可以选取大量的图片和视频给学生呈现结婚的步骤和过程。在了解完婚俗知识后，可以让学生进行角色扮演，来还原传统的中式婚礼和婚俗习惯。如租来中国传统服装、轿子，学生分角色扮演新娘、新郎、媒婆、双方父母、抬轿子的人，在学校进行公开的表演。在进行民俗讲解时还可以进行中西风俗习惯的差异对比，对同一类民俗事象进行讨论，中国学生和外国学生讨论，留学生和老师讨论或者辩论等，这样可以激发学生的积极性，促使他们去动脑思考民俗事象存在的原因、价值、意义等，使他们更深刻地理解日常生活行为背后的民俗内涵，体会中华文明的博大精深。

三、对特定的民俗内容可以开展相应的课程或民俗活动

中国民俗文化中有一部分是中国民间艺术，狭义的民间艺术指民间文学、民间说唱、民间美术三方面的内容；广义的民间艺术是指民间文学、民间美术、民间游戏竞技、民间节日、民间民俗习惯、民间饮食文化等内容。民间文艺包括了民歌、绕口令、民间乐舞、各种竞技游戏、民间绘画、剪纸等内容，因此，我们可以根据这些丰富多彩的内容指定相应的民俗课程和活动。如开设剪纸课、中国结课、国画课、民歌课、民舞课等专项中华文艺技能课。针对各种竞技游戏可以举行丢手绢、老鹰抓小鸡、抽陀螺、舞龙舞狮、跳大绳等游戏，让学生广泛参与这些趣味活动。春天还可以带学生去郊外放风筝，在京津地区的高校还可以带领学生去公园练习抖空竹，与中国人一起活动和交流。通过举办这些多种多样的民俗活动可以提高学生学习民俗的积极性和兴趣，让民俗的学习不仅仅停留在课本上，而是在日常活动中得到锻炼和升华。

## 第三节　以韩国的零起点学生为例运用体验式
## 教学方法探讨中国民俗文化教学

　　体验，在英文中对应的词有experience，observe，inspect等。在汉语中，它由"体"和"验"共同构成。"体"指亲身体验，有"实行"之意，"验"则指证实、检验，合起来讲，就是在实践中亲身经历认识、检验事物。"人的体验活动，是人必须亲身经历的一种内在心理活动，不仅是认知，同时也是体验。"体验式教学法强调以学生为中心，强调学生个体的能动性，因此在教育领域得到了广泛运用。"体验式教学"就是通过实践来认识周围的事物，用亲身的经历去感知、理解、感悟、验证教学内容的一种教学模式。它要求教师根据所讲授的不同内容，设计出不同的体验情境，让学生在不同的情境中从实际的教学需要出发，内化知识、升华情感、积累经验、提高能力，突出学生的主动性和积极性。

　　体验式教学法从实际教学需要出发，为达到教学目的，引入或创设与教学内容相适应的具体场景或氛围，以引起学生的情感体验，使学生能够准确理解教学内容。对外汉语教学中对体验式教学的应用方式主要有在情景中体验和在多媒体中体验两种。本书从笔者在韩国的实际教学情况出发，主要探讨在外国的汉语教学中对这两种体验式教学方法的综合运用。情景体验指教师营造符合真实生活情景的场景，通过课堂模拟、学生合作对话等让学生掌握教学内容，达到运用自如的目的。而多媒体体验教学指的是教学运用直观的图像、声音、视频等方式来讲解知识，以达到生动而深刻地理解记忆的学习效果。在教学中运用多媒体不仅能提供规范的语音语调，还能提供真实的语言使用范例——使用场合、时间、对象等。在民俗教学中表现为民俗事象出现的场合，使用哪些语言，做出哪些行为。

　　民俗文化在对外汉语教学的各个方面都有渗透和体现，在国外的对外汉语教学中更是体现了其与众不同的独特魅力。笔者以"过春节"的实际教学案例分析如何在民俗教学中综合应用体验式教学方法。在教授"过春节"这一民俗文化时有如下步骤。

　　（1）教师布置教室。教师在教室的门上贴倒着的"福"字，贴对联。在教室的窗户上贴上吉祥图案的大红色剪纸，在墙上贴年画，挂上新年日历。准备一些小的红色方块的"福"字，送给学生。

　　（2）基本过年知识的介绍和感知。给学生播放老师制作的关于新年的PPT，内容包括新年起源的故事传说、十二生肖的图片、年夜饭、鞭炮、压岁钱、春节晚会等图片，然后给学生看中国人过年的相关视频。

　　（3）引导学生掌握民俗知识和相关语言项目。教学生说一些新年祝福语，如"过年好""新年快乐""祝你身体健康、万事如意"等吉祥话。然后放视频或音频教学生唱《新年好》这首歌。

　　（4）教给学生民俗行为习惯。教给学生"拱手礼"，并且和学生相互拜年，边说"新年好"边做"拱手礼"。

　　（5）让学生看教室周围发生了哪些变化，教给他们相关的民俗词语"福""剪纸""年画""灯笼"等，解释这些词语的含义以及其背后的民俗文化内涵。之后把"福"字发给每个学生，让他们回家贴在自己家的门上，并鼓励他们自己动手写"福"字送给朋友。

　　（6）在除夕那一天邀请一些学生到老师家来做客，老师准备几个中国菜，学生和老师一起动手包饺子，一边包一边教他们说"饺子"，并解释"饺子"背后的民俗文化内涵。然后一起在网上收看春节联欢晚会，对一些有中国特色的歌曲和舞蹈进行简单说明。然后师生一起出去放鞭炮，教他们"鞭炮"这个词，给他们讲鞭炮的故事。

　　（7）初一早上让学生给老师打电话，学生之间互相打电话，用学过的拜年用语和吉祥话拜年。

在这一教学过程中教室布置和邀请学生做客都是运用了情景的体验式教学法，在课堂上运用了多媒体体验教学的方法。在对外汉语教学中，讲授其他民俗事象时，也可以运用这一方法，为学生创设接近真实生活的情境，进行相关民俗活动，让他们一边感知体验，一边学习民俗文化知识。并及时反馈学习效果，把学到的民俗行为和民俗语言应用于实际交际中。

民俗文化作为一个国家民族文化最核心和最生动的部分，反映了千百年来人们生活的变迁，是人们精神内核的体现。因此，学习一国语言就必须了解该国文化，尤其是该国的民俗文化。中国民俗文化具有历史性、多元性、质朴性、神秘性、礼制性、稳定性与变异性等特点，只有深入全面地了解中国的民俗文化才能真正了解中国文化的核心和深层含义。因此，在对外汉语教学中，民俗文化的教学不仅不可缺少，而且应该引起足够的重视。本书对目前对外汉语教学领域较少关注的民俗教学进行了深入的剖析，通过对国内10所高校的民俗教学情况进行调查，发现目前各高校存在民俗课程设置不科学、不合理的问题，因此各高校应该加强民俗课的课程设置，开设专门的民俗课程，定期举办专门针对留学生的中国民俗文化活动。在对外汉语教学中应该对民俗课所占比重和民俗课的地位进行重新定位和考量，特别是国内各高校的民俗课教学，应采取多种形式的民俗知识的讲解和渗透。笔者通过在韩国的海外教学实例发现，海外中国民俗的教学可以采取体验式的教学方法，让学生对中国民俗有身临其境的体验，有助于学生将抽象的民俗知识落实到实际应用当中。此外，本书还对市面上现存的、最新出版的、针对留学生的民俗文化教材进行了详细的对比分析，主要以2011年出版的柯玲的《中国民俗文化》与王衍军的《中国民俗文化》（第二版）为例。通过对这两本民俗教材的对比分析可以看出民俗文化教学需要有专门的针对外国人编写的深入浅出、浅显易懂的中国民俗文化教材。这种民俗教材不应等同于一般的文化普及读物，而是应该联系东西方差异，进行横向对比，力求编写出适合外国学生的生动教材。

中国民俗文化教学作为文化教学的一部分，目前依然没有受到对外汉语教学界的充分重视。在今后的对外汉语教学中，应该增加民俗文化的教学比重，加强专门的民俗教材建设，综合运用多种教学方法进行民俗文化的讲解，并建立一个全面合理的中国民俗文化教学体系。这是今后对外汉语教学中中国民俗文化教学的努力方向。

# 后　记

　　方言是民族共同语的地域分支，它包含着丰富的地域文化内涵，普通话也不断地从方言中汲取营养，以丰富汉语言。所以，外国留学生对方言及地域文化的了解和学习，不但可以帮助他们进行汉语学习，还可以增长他们的课外知识，使其了解中国文化的多元性。本书通过对陕西关中方言物质文化词汇的解析，总结出了陕西关中方言及物质文化形成的原因——主要是受地理环境、经济形态、历史文化的影响，以及方言与地域文化的相互关系，即语言反映文化，文化丰富了语言，方言是地域文化的反映，更是中华文化的重要组成部分。面对中国方言众多的复杂的汉语环境，研究指出当前的对外汉语教学，应结合地域语言实际和学生的日常交际需要，改进文化教学模式及文化课程设置体系。在教材的编写、教师的培养、语言文化测试评估中应因地制宜，适当地将方言文化引入对外汉语文化教学之中，更好地传播汉语，展现中华文化的多样性和丰富性。

　　外国人学习汉语主要是运用汉语进行交际，在初级阶段接触的都是基础汉语。但是随着他们汉语水平的不断提高，尤其是对高级阶段的汉语学习者来说，他们不但需要学习普通话，还想了解更高层次的汉语知识，进一步了解中国的历史、文化等，以满足和提高日常的汉语交际能力。

　　民俗文化作为一个国家民族文化最核心和最生动的部分，反映了千百年来人们生活的变迁，是人们精神内核的体现。因此，学习一国语言就必须了解该国文化，尤其是该国的民俗文化。中国民俗文化具有历史性、多元性、质朴性、神秘性、礼制性、稳定性与变异性等特点，只有深入全面地了解中国的民俗文化，才能真正了解中国文化的核心和深层含义。因此，在对外汉语教学中，民俗文化的教学不仅不可缺少，而且应该引起足够的重视。本书对目前对外汉语教学领域较少关注的民俗教学进行了深入的剖析，通过对国内10所高校的民俗教学情况进行调查，发现目前各高校的民俗课程设置存在不科学、不合理的问题，因此各高校应该加强民俗课的课程设置，开设专门的民俗课程，定期举办专门针对留学生的中国民俗文化活动。在对外汉语教学中应该对民俗课所占比重和民俗课的地位进行重新的定位和考量，特别是国内各高校的民俗课教学，应采取多种形式的民俗知识的讲解和渗透。笔者还发现海外中国民俗的教学可以采取体验式的教学方法，让学生对中国民俗有身临其境的体验，有助于学生将抽象的民俗知识落实到实际应用当中。

此外，本书还对市面上现存的、最新出版的、针对留学生的民俗文化教材进行了详细的对比分析，主要以2011年出版的柯玲的《中国民俗文化》与王衍军的《中国民俗文化》（第二版）为例。通过对这两本民俗教材的对比分析可以看出民俗文化教学需要有专门的针对外国人编写的深入浅出、浅显易懂的中国民俗文化教材。这种民俗教材不应等同于一般的文化普及读物，而是应该联系东西方文化差异，进行横向对比，力求编写出适合外国学生的生动教材。中国民俗文化教学作为文化教学的一部分，目前依然没有受到对外汉语教学界的充分重视。在今后的对外汉语教学中，应该增加民俗文化的教学比重，加强专门的民俗教材建设，综合运用多种教学方法进行民俗文化的讲解，并建立一个全面合理的中国民俗文化教学体系。这是今后对外汉语教学中中国民俗文化教学的努力方向。

# 参考文献

[1] 李无未，陈珊珊，秦曰龙. 对外汉语教学论著指要与总目[Z].北京：作家出版社，2008.

[2] 程裕祯. 新中国对外汉语教学发展史[M].北京：北京大学出版社，2005.

[3] 程裕祯. 中国文化要略[M].北京：外语教学与研究出版社，2015.

[4] 刘珣. 对外汉语教育学引论[M].北京：北京语言大学出版社，2000.

[5] 徐子亮. 对外汉语教学心理学[M].上海：华东师范大学出版社，2012.

[6] 周思源. 对外汉语教学与文化[M].北京：北京语言大学出版社，1997.

[7] 崔希亮. 对外汉语教学与汉语国际教育的发展与展望[J].语言文字应用，2010（5）.

[8] 胡范铸，刘毓民，胡玉华. 汉语国际教育的根本目标与核心理念——基于"情感地缘政治"和"国际理解教育"的重新分析[J].华东师范大学学报，2014（3）.

[9] 陈昌来. 对外汉语教育学概论[M].北京：商务印书馆，2005.

[10] 张仲霏. 对外汉语教学与方言环境略论[D].天津大学，2006.

[11] 丁启阵. 论汉语方言与对外汉语教学的关系[J].语言教学与研究，2003（11）.

[12] 程书秋. 地方文化语境的综合利用与对外汉语教学[J].黑龙江高教研究，2008（12）.

[13] 詹伯慧. 略论汉语方言与地域文化[J].学术研究，2015（1）.

[14] 周振鹤，游汝杰.方言与中国文化[M].上海：上海世纪出版股份有限公司出版社，2015.

[15] 苏新春.文化语言学教程[M].北京：外语教学与研究出版社，2006.

[16] 王敏.方言中的物质文化与对外汉语教学[D].新疆师范大学，2012.

[17] 柯玲.中国民俗文化[M].北京：北京大学出版社，2011.

[18] 王衍军.中国民俗文化[M].广州：暨南大学出版社，2008.

[19] 邢福义.文化语言学[M].武汉：湖北教育出版社，2000.

[20] 王娟.民俗学概论[M].北京：北京大学出版社，2011.